"ධම්මෝ හි වාසෙට්ඨා, සෙට්ඨෝ ජනේතස්මිං
දිට්ඨේ චේව ධම්මේ, අභිසම්පරායේ ච."

වාසෙට්ඨයෙනි, මෙලොවෙහි ත්, පරලොවෙහි ත්
ජනයා අතර ධර්මය ම ශ්‍රේෂ්ඨ වෙයි !

- අග්ගඤ්ඤ සූත්‍රය - භාගයවත් බුදුරජාණන් වහන්සේ

නුවණ වැඩෙන බෝසත් කථා - 6
ජාතක පොත් වහන්සේ

(ආසිංස වර්ගය)

පූජ්‍ය කිරිබත්ගොඩ ඤාණානන්ද ස්වාමීන් වහන්සේ

ප්‍රථම මුද්‍රණය	:	ශ්‍රී බු.ව. 2560 ක් වූ බිනර මස පුන් පොහෝ දින
සම්පාදනය	:	මහමෙව්නාව භාවනා අසපුව වඩුවාව, යටිගල්ඔළුව, පොල්ගහවෙල. දුර : 037 2244602 info@mahamevnawa.lk | www.mahamevnawa.lk

පරිගණක අකුරු සැකසුම, පිටකවර නිර්මාණය සහ ප්‍රකාශනය :

මහාමේඝ ප්‍රකාශකයෝ

වඩුවාව, යටිගල්ඔළුව, පොල්ගහවෙල.

දුර : 037 2053300, 076 8255703

mahameghapublishers@gmail.com

මුද්‍රණය	:	ලීඩ්ස් ග්‍රැෆික්ස් (පුද්.) සමාගම, අංක 356 E, පන්නිපිටිය පාර, තලවතුගොඩ.

නුවණ වැඩෙන
බෝසත් කථා - 6
ජාතක පොත් වහන්සේ
(ආසිංස වර්ගය)

සරල සිංහල පරිවර්තනය

පූජ්‍ය කිරිබත්ගොඩ ඤාණානන්ද
ස්වාමීන් වහන්සේ

මහාමේඝ
MAHAMEGHA

ප්‍රකාශනයකි

පෙරවදන

ජාතක පොත් වහන්සේ ඔබ කියවලා ඇති. කුඩා අවධියේත්, පාසලේදීත්, සරසවියේත්, පන්සලේ බණ මඩුවේත්, වෙසක් නාඩගමේත් අපි ජාතක කථා රස වින්දෙමු. නමුත් එහි සැබෑ අරුත කුමක් දැයි තේරුම් ගන්නට අප සමත් වූ වගක් නම් නොපෙනේ.

'නුවණ වැඩෙන බෝසත් කථා' නමින් ඒ ජාතක කථා ඔබේම භාෂාවෙන් ඔබට කියවන්නට ලැබෙන්නේ එයින් ඉස්මතු වන අරුතත් සමඟිනි. මෙහි අරුත් දැන එම කථාවත් මතක තබා ගෙන සත්පුරුෂ ගුණධර්ම දියුණු කර ගන්නට මහන්සි ගන්නේ නම් එය ජාතක කථාවෙන් ඔබට ලැබෙන සැබෑම ප්‍රතිඵලයයි.

හැම දෙනාටම තෙරුවන් සරණයි!

මෙයට,
ගෞතම බුදු සසුන තුළ මෙත් සිතින්,
පූජ්‍ය කිරිබත්ගොඩ ඤාණානන්ද ස්වාමීන් වහන්සේ
ශ්‍රී බුද්ධ වර්ෂ 2560 ක් වූ වෙසක් මස 31 දා

මහමෙව්නාව භාවනා අසපුව
වඩුවාව, යටිගල්ඔළුව,
පොල්ගහවෙල.

පටුන

6. ආසිංස වර්ගය

නමෝ තස්ස භගවතෝ අරහතෝ සම්මාසම්බුද්ධස්ස
ඒ භාග්‍යවත් අර්හත් සම්මා සම්බුදුරජාණන් වහන්සේට නමස්කාර වේවා!

01. මහා සීලව ජාතකය

මහා සීලව රජ්ජුරුවන්ගේ කථාව

පින්වතුනේ, පින්වත් දරුවනේ,

ජීවිතයට කොයිතරම් කරදර, බාධක, කම්කටොළු ආවත් තමන්ගේ උත්සාහය දිගටම පවත්වා ගැනීම පුදුමාකාර දක්ෂ බවක්. එබඳු අය තමයි සියළු අසාර්ථකත්වයන් මැඩගෙන දියුණුව කරා යන්නේ. සමහරුන්ට යම් යම් කරුණු හේතුවෙන් තමන් පටන් ගත්තු උත්සාහය එපා වෙනවා. පැවිද්දන්ටත් මෙසේ වෙන අවස්ථා තියෙනවා. මේ කියවෙන්නෙත් එබඳු කථාවක්.

ඒ දවස්වල භාග්‍යවතුන් වහන්සේ වැඩ වාසය කළේ සැවැත් නුවර ජේතවනයේ. ඒ කාලේ ජේතවනයේ පැවිදි වී සිටි එක්තරා භික්ෂුවකට බණ භාවනා කරගන්ට අපහසු වුනා. එතකොට ඔහුගේ උත්සාහය අඩුවෙලා ගියා. ධර්මාවබෝධ කරන්ට තිබූ කැමැත්ත නැති වුනා. වීරිය අත්හැරියා. සිවුරු අත්හැර යාමේ අදහසින් සිටියා. එතකොට භික්ෂූන් වහන්සේලා භාග්‍යවතුන් වහන්සේ ළඟට මොහුව කැඳවාගෙන ගොස් මොහු පත්වී සිටින තත්වය පැහැදිලි කළා.

"හැබෑද භික්ෂුව, ඔබ ධර්මයේ හැසිරෙන්ට ගත් උත්සාහය අත්හැරියාද?"

"එහෙමයි, ස්වාමීනී."

"ඇයි භික්ෂුව... මෙබඳු නිවන් අවබෝධය ලබාදෙන ශාසනයක පැවිදි වෙලා වීරිය අත්හැරියේ. ඉස්සර නුවණැත්තෝ තමන්ට තමන්ගේ රාජ්‍ය අහිමිවෙලත් වීරිය අත්නොහැර සිටියා. අන්තිමේදී තමන්ට අහිමි වූ රාජ්‍යයත් ලැබුනා. රාජ්‍ය පිරිවරත් ලැබුනා නොවැ" කියා වදාළා. එතකොට භික්ෂූන් වහන්සේලා ඒ යටගිය දවසේ වූ සිදුවීම කියා දෙන්ට කියලා භාග්‍යවතුන් වහන්සේ ගෙන් ඉල්ලා සිටියා. භාග්‍යවතුන් වහන්සේ මේ ජාතකය වදාළා.

"පින්වත් මහණෙනි, බොහොම ඉස්සර කාලෙක බරණැස් නුවර බ්‍රහ්මදත්ත නම් රජ්ජුරු කෙනෙක් රාජ්‍ය කළා. ඒ කාලේ බෝධිසත්වයෝ ඒ බරණැස් රජ්ජුරුවන්ගේ අගමෙහෙසිගේ කුසේ උපන්නා. අලුත උපන් කුමාරයාට නම් තබද්දී 'සීලව කුමාරයා' කියල නම දැම්මා. සිය පිය රජතුමාගේ ඇවෑමෙන් පස්සේ සීලව කුමාරයා රාජ්‍යයට පත්වුනා. නගරයේ සතර දොරටු ළඟ දන්සැල් සතරකුත්, නගර මැද්දේ දන්සැලකුත්, රාජ මන්දිරය අබියස තව දන්සැලකුත් වශයෙන් මහා දන්සැල් හයක් පැවැත්තුවා. නිතර දන් සිල් ආදියෙන් යුක්ත වුනා. ඉවසීම, දයාව, මෛත්‍රී ආදියෙන් යුක්ත වුනා. සිය ඇකයෙහි රඳවා ගත් පුත්‍රයාට බඳුව සියළු සත්වයන්ට සර්වාකාරයෙන් සැලකුවා. මෙසේ කටයුතු කරද්දී මේ රජුගේ එක්තරා අමාත්‍යයෙක් ඇතුළු නුවර ද්‍රෝහිකම් කරන්ට ගත්තා. කලක් යද්දී මොහුගේ අකටයුතුකම් හෙළි වුනා. රජ්ජුරුවන්ගේ

අතටම මොහුගේ කටයුතු අහුවුනා. එතකොට රජ්ජුරුවෝ,

"අන්ධබාල පුද්ගලය... තා විසින් ඉතා බරපතල වැරද්දක් කොට තියෙන්නේ. තා වැන්නෙක් මාගේ විජිතයේ වාසය කරන්ට සුදුසු නෑ. තමන්ගේ ධනයත්, අඹුදරුවනුත් රැගෙන වෙනත් තැනකට යව" කියලා රටින් පිටුවහල් කළා.

එතකොට මේ පුද්ගලයා කසී රටින් නික්මිලා කොසොල් රටට ගියා. කොසොල් රජ්ජුරුවන්ට උපස්ථාන කරන්ට බැඳුනා. අනුක්‍රමයෙන් රජ්ජුරුවන්ගේ ඉතාම විශ්වාසවන්තයා බවට පත්වුනා. ඔහු දවසක් කොසොල් රජ්ජුරුවන්ට මෙහෙම කිව්වා.

"දේවයන් වහන්ස... කිව යුතු ඉතාම වැදගත් කාරණාවක් තියෙනවා... මේක මහා වටිනා රහසක්...!"

"ඒ මොකක්ද...?"

"දේවයන් වහන්ස.... බරණැස් රාජ්‍ය කියන්නේ පිළවි නැති මධුර වූ මී වදයක් වගෙයි. රජ්ජුරුවෝ මහා මෘදු කෙනෙක්. පොඩි සේනාවකින් බරණැස් රාජ්‍ය අල්ලාගන්ට පුළුවනි."

"නෑ... එහෙම වෙන්ට බෑ... බරණැස් රාජ්‍ය කියන්නේ විශාල රාජ්‍යයක්... මේ අල්ප සේනාවකින් කොහොමද ඒ සා මහා රාජ්‍යයක් අල්ලා ගන්නේ...? තමුසේ ඒ රජ්ජුරුවන්ගේ ඔත්තුකාරයෙක් වත්ද?..."

"අනේ දේවයන් වහන්ස... මං චරපුරුෂයෙක් නෙවේ... සත්තක්මයි මේ කිව්වේ. හරි... මගේ වචනය විශ්වාස කරන්ට එපා...! මිනිස්සු පිටත් කරවා බරණැස්

රාජ්‍යයට අයත් පිටිසර ගමක් මංකොල්ලකන්ට සලස්වන්න. මං දන්නවා වෙන දේ. රජ්ජුරුවෝ ඒ මිනිස්සුන්ව ගෙන්නලා ධනය දීලා පිටත් කරනවා...”

එතකොට කොසොල් රජ්ජුරුවෝ මෙහෙම හිතුවා. “මේකා ඉතාමත් දක්ෂ විදිහට මේ කාරණාවල් කියනවා නොවැ. මං කෝකටත් මේකේ ඇත්ත නැත්ත සොයා බලන්ට ඕනෑ...” කියලා රජ්ජුරුවෝ කණ්ඩායමක් පිටත් කරවා පිටිසර ගමක මංකොල්ලයක් කෙරෙව්වා. රාජපුරුෂයෝ සොරා අල්ලාගෙන රජ්ජුරුවන් ඉදිරියට ගෙනාවා. රජ්ජුරුවෝ සොරුන්ව දැකලා මෙහෙම ඇහැව්වා.

“ඇයි දරුවනේ මෙහෙම කළේ...? ගම් පහරන්ට තරම් තොපට ඇති අගහිඟකම් මොනවාද?”

“අනේ දේවයන් වහන්ස... ජීවත්වෙන්ට ක්‍රමයක් නැතිකමටයි මෙහෙම කළේ...”

‘දරුවෙනි... මගේ ළඟට ඇවිත් නොකීවේ ඇයි..? අද පටන් මෙවැනි දේ කරන්ට එපා...!” කියලා ඒ සොරුන්ට වස්තුව දීලා පිටත් කළා. ඔවුන් ගිහින් කොසොල් රජ්ජුරුවන්ට සියළු විස්තර කිව්වා. කොසොල් රජ්ජුරුවෝ මෙපමණකින් විශ්වාස කළේ නෑ. ආයෙමත් තව පිරිසක් යවලා ජනපදය මැද ගම්මානෙක මංකොල්ලයක් කෙරෙව්වා. ඒ වතාවෙත් රජ්ජුරුවෝ ඔවුන්ට ධනය දීලා පිටත් කෙරෙව්වා. එතකොට කොසොල් රජ්ජුරුවෝ ආයෙමත් තව පිරිසක් යවලා බරණැස් නගරයේ ඇතුළු වීදියේ මංකොල්ලයක් කෙරෙව්වා. එතකොටත් රජ්ජුරුවෝ ඒ සොරුන්ට ධනය දීලා පිටත් කෙරෙව්වා. ‘මේ බරණැස් රජ්ජුරුවෝ නම් ඉතාමත් අහිංසක ධාර්මික

කෙනෙක් නොවැ. බරණැස් රාජ්‍ය අල්ලා ගන්නා එක ඒ හැටි කාරණයක් නොවේය' කියල බලසේනා පිළියෙල කරගත් කොසොල් රජ්ජුරුවෝ බරණැස ආක්‍රමණයට පිටත් වුනා.

ඒ බරණැස් රජ්ජුරුවන්ගේ මද කිපුණු ඇත්තු ඉදිරියට වුනත් හෙණ හඬ දීගෙන පනින්ට පුළුවන් ඉතා නිර්භය දහසක් පමණ යෝධයන් ඉන්නවා. මහා සීලව රජ්ජුරුවන්ට ඕනෑ නම් මුළු දඹදිව රාජ්‍යයම වුනත් අරන් දෙන්ට ඒ යෝධයන්ට පුළුවනි. ඔවුන් ගිහින් මහා සීලව රජ්ජුරුවන්ට දැනුම් දුන්නා.

"දේවයන් වහන්ස.... කොසොල් රජ්ජුරුවෝ බරණැස් රාජ්‍ය අල්ලා ගන්ට ආක්‍රමණය කරන්ට මග එනවාලු! අපි ගිහින් රාජ්‍ය සීමාවටත් එන්ට නොදී ඔවුන්ව කුදලාගෙන අරගෙන එන්නම්..."

"නෑ දරුවෙනි.... මං නිසා කාටවත් කරදරයක් කරන්ට ඕන නෑ.. රාජ්‍ය ඕනෑ නම් රාජ්‍යය ගත්තාවේ. යන්ට එපා..." කියලා ඔවුන්ව වැළැක්කුවා.

කොසොල් රජ්ජුරුවොත් බරණැස් රාජ්‍ය සීමාව ඉක්මවා ඇවිත් ජනපදය මැදටත් ආවා කියලා ආරංචි වුනා. යෝධයෝ ආයෙමත් ගිහින් ඔවුන්ව ජීවග්‍රහයෙන් අල්ලාගෙන එන්ට අවසර ඉල්ලුවා. රජ්ජුරුවෝ ඒකත් වැළැක්කුවා. අන්තිමට ඔවුන් නගරයම වැටලුවා. "රාජ්‍ය දෙනු! නැත්නම් යුද්ධ කරනු!" කියලා හසුනක් පිටත් කළා. නැවතත් යෝධයෝ ඇවිත් රජ්ජුරුවන්ට සැලකොට සිටියා.

"දේවයන් වහන්ස... ඔවුන් නගරය වටකරලා තියෙන්නේ. අපට අවසර දෙන්ට... අපි ගිහින් ඔවුන්ව

කුදලාගෙන එන්නම්..."

රජ්ජුරුවෝ කලින් වගේම ඔවුන්ව වැළැක්කුවා. නගරයේ සියළු දොරටු ඇරියා. රජ්ජුරුවෝ සියලු යෝධ අමාත්‍යයන් සමඟ උඩු මහලේ ආසනවල වාඩිවෙලා සිටියා.

කොසොල් රජ්ජුරුවෝ මහා බලසේනාවක් සමඟ නගරයට ආවා. ඔහුට විරුද්ධව කටයුතු කරන එක්කෙනෙක් වත් පේන්ට නෑ. රජමිදුලට ගියා. හැම තැනම දොරටු ඇරලා. ඔවුන් මාළිගයට කඩා වැදුනා. යෝධ අමාත්‍යවරු පිරිවරාගෙන උඩුමහලේ වාඩි වී සිටින මහා සීලව රජ්ජුරුවන්වයි, සියලු යෝධයන්වයි ජීවග්‍රහයෙන් අල්ලා ගත්තා. කොසොල් රජ්ජුරුවෝ තමන්ගේ සේනාවට අණ කළා.

"මේ රජාවත්, දහසක් ඇමතියන්වත් දෑඩි වරපටින් බැඳලා අමු සොහොනට ගෙනියපන්. අත් පා සමඟම කරවටක් පොළොවේ වළදමාපන්. බෙල්ලෙන් උඩට හිස විතරක් ඉතුරු කරපන්. රෑට සිවල්ලු ඇවිදින් ඉතුරු හරිය සම්පූර්ණ කරාවි."

ආක්‍රමණික රජ්ජුරුවන්ගේ අණ පරිදි ඔවුන්ගේ රාජ හටයෝ සියලු දෙනාම සොහොනට අරගෙන ගියා. කරවටක් වළදාලා පිටත්වෙලා ගියා. මෙපමණ දෙයක් වෙලත් මහා සීලව රජ්ජුරුවෝ කිසිම කෙනෙක් ගැන තරහා මාත්‍රයක් ඇති කරගත්තේ නෑ. ඇමතියන් දහසක් දෙනාත් බැඳගෙන ඇවිත් කරවටක් වළ දමද්දී රජ්ජුරුවන්ගේ වචනයට පිටින් සුළු දෙයක්වත් කළේ නෑ. ඔවුනුත් මෙත් සිතින්ම සිටියා.

ඒ රාජපුරුෂයෝ සොහොන මැද්දේ සීලව රජ්ජුරුවන්ව වැළලුවා. දෙපැත්තේ පන්සීය බැගින් යෝධයන්ව වැළලුවා. වටේට පස් දාලා හොඳට තද කළා. ඔවුන් පිටත් වෙලා ගියා.

එදා මධ්‍යම රාත්‍රියේ 'මිනී මස් කන්ට ඕනෑ' කියලා හිවල්ලු ආවා. ඔවුන් දැකපු රජ්ජුරුවොයි, ඇමතිවරුයි එක්පැහැර හඬින් කෑ ගැසුවා. බියට පත් සිවල්ලු ඈතට පලා ගියා. හිවල්ලු දුවගෙන ගිහින් මිනිස්සු පස්සෙන් පන්නනවාද කියලා බැලුවා. කවුරුත් එන පාටක් නෑ. ආයෙත් එතැනට ළං වුනා. එතකොට ආයෙමත් එක්පැහැර හඬින් කෑ ගැසුවා. සිවල්ලු ආයෙත් පැනලා ගියා. මේ විදිහට ඔවුන් තුන් වතාවක්ම පැනලා ගියා. ආයෙමත් ආවා. ආයෙමත් ශබ්ද කළාට ඔවුන් පැනලා ගියේ නෑ. මහා සිවලා කෙලින්ම රජ්ජුරුවෝ ළඟට ගියා. රජ්ජුරුවෝ තමන්ගේ බෙල්ල උඩට ඉස්සුවා. එතකොට සිවලා ඇවිත් බෙල්ලෙන් අල්ලාගන්න සූදානම් වුනා විතරයි රජ්ජුරුවෝ හිස කරකවා සිවලාගේ හනු ඇටයෙන් තද කරලා කටින් අල්ලා ඇද්දා. ඇතෙකුගේ සවියෙන් යුතු රජ්ජුරුවෝ සිවලාගේ හනු ඇටයෙන් අල්ලා අදිද්දී ඌ මරණ භයට පත්වෙලා මර ලතෝනි දීලා හඬ නැගුවා. එතකොට අනිත් සිවල්ලු හොඳටම භය වුනා. 'අපේ නායක සිවලා මිනිස්සුන්ට අහුවුනා' තමයි කියලා ඔවුන් පලාගියා. නායක සිවලා පැනලා යන්ට උත්සාහ කරමින් කකුල්වලින් පහුරුගාන්ට පටන් ගත්තා. එතකොට පස් බුරුල් වුනා. රජ්ජුරුවෝ සිවලා අත්හැරියා. තමන්ගේ මහා කාය බලයෙන් උත්සාහගෙන වළෙන් ගොඩට ආවා. ඇමතිවරුන්වත් වළවල්වලින් ගොඩ ගත්තා. ඇමතිවරු පිරිවරාගෙන අමු සොහොනේ සිටියා.

එදා මිනිස්සු මළ මිනියක් අමු සොහොනේ ගෙනැවිත් දාලා තිබුනා. ඒ මළ සිරුර වැටිලා තිබුනේ යක්ෂයන් දෙන්නෙකුගේ සීමාව අතරෙයි. ඔවුන් මේ මළකුණට අයිතිවාසිකම් කියමින් ආරවුලක පැටලී සිටියා. "අපිට මේක තෝරාබේරාගන්ට බෑ. මේ සීලව රජ්ජුරුවෝ ධාර්මිකයි. අපට සාධාරණය ඉෂ්ට කරලා දේවි. අපි එතැනට යමු" කියලා මළ මිනියේ පා වලින් ඇදගෙන යක්ෂයෝ දෙන්නා රජ්ජුරුවෝ ළඟට ගියා.

"දේවයන් වහන්ස,... අපි දෙන්නාගේම සීමාවටයි මේ මිනිය වැටුනේ... අපිට මේක බෙදලා දෙන්ට..."

"යක්ෂයනි.... හොඳා.... මං නුඹලාට මේක සාධාරණව බෙදලා දෙන්නම්.... නමුත් මං දැන් අපවිත්‍රයි. මට ස්නානය කරන්ට ඕනෑ..."

එතකොට යක්ෂයෝ සොර රජාගේ මාළිගයේ තිබුනු වතුර හැළිය තමන්ගේ ආනුභාවයෙන් රැගෙන ආවා. රජ්ජුරුවෝ වතුර නෑවාට පස්සේ සොර රජාගේ සළුපිළි අරගෙන ආවා. වස්ත්‍ර ඇඳගත්තාට පස්සේ යක්ෂයෝ මාළිගාවේ තිබුනු සුවඳවර්ග, මල්වර්ග අරගෙන ආවා. "තවත් මොනවද ඕනෑ" කියලා ඇසුවා. "අපට බඩගිනියි" කිව්වා. එතකොට යක්ෂයෝ රන් තලිවලට රාජභෝජන අරගෙන ආවා. රන් කෙණ්ඩියයි, රන් කළෙයි අරගෙන ආවා. රජ්ජුරුවෝ බත් අනුභව කළා. පැන් වැළඳුවා. සොර රජාට පිළියෙල කළ බුලත් විටත් අරගෙන ආවා. ඊට පස්සේ රජ්ජුරුවෝ යක්කුන්ට මෙහෙම කිව්වා.

"යකුනේ, ගිහින් සොර රජාගේ හිස ළඟ තියෙන මඟුල් කඩුව ඇන්න වර..."

එතකොට යක්ෂයෝ ගිහින් මඟුල් කඩුවත් ගෙනාවා. රජ්ජුරුවෝ මඟුල් කඩුවෙන් මළකුණ සමව බෙදෙන්ට දෙකට පැලුවා. කඩුව සෝදලා කොපුවේ දාගත්තා. යක්කු දෙන්නා මිනී මස් කාලා මහත් සතුටට පත්වුනා.

"මහරජ්ජුරුවෙනි.... තව මොනවද අපෙන් කෙරෙන්ඩ ඕනෑ...?" කියල ඇහැව්වා.

"යක්ෂයෙනි... තොපගේ ආනුභාවයෙන් මාව සොර රජ්ජුරුවන්ගේ සිරියහන් ගබඩාවට බස්සවන්ට. මේ මාගේ අමාත්‍යවරුන්ව තම තමන්ගේ නිවෙස්වලට ඇරලවන්ට...."

"එසේය දේවයන් වහන්ස...." කියලා ඔවුන් ඒ විදිහට කළා.

ඒ වෙලාවේ සොර රජ්ජුරුවෝ අලංකාර සිරියහන් ගබඩාවේ සිරි සයනය මත සනීපෙට නිදාගෙන සිටියා. සීලව රජ්ජුරුවෝ කඩුතලයෙන් රජ්ජුරුවන්ගේ බඩට තට්ටු කළා. ඔහු හොඳටම භය වෙලා නැගිට්ටා. පහන් එළියෙන් මහා සීලව රජ්ජුරුවන්ව හඳුනාගත්තා. ඇඳෙන් නැගිටලා සිහිය පිහිටුවාගෙන,

"මහ රජ්ජුරුවෙනි.... ඔ... ඔබ... ඔබ.... කො... කොහොමද මෙතරම් රැකවල් තියෙන මෙතැනට කඩුවත් පැහැරගෙන අලංකාර වස්ත්‍රයෙන් සැරසිලා ආවේ...?"

එතකොට රජ්ජුරුවෝ ඔහුව වාඩි කෙරෙව්වා. තමන්ට වෙච්චි සියලුම දේ විස්තර කළා. සොර රජා මහත් සංවේගයට පත්වුනා.

"මහරජ්ජුරුවෙනි... මනුස්සයන් වෙලත් අපට තමුන්නාන්සේගේ ගුණ හඳුනගන්ට බැරි වුනා. නමුත් අනුන්ගේ ලේ මස් කන මහා දරුණු කර්කශ යක්ෂයින්ට තමුන්නාන්සේව හඳුනගන්ට පුළුවන් වුනා. නරේන්ද්‍රයෙනි.... මං ආයේ කවදාවත් ඔබවහන්සේ වැනි කෙනෙකුට මෙවැනි වරදක් කරන්නේ නෑ" කියලා කඩුව සිටුවලා දිවුරුවා. රජ්ජුරුවන්ව සමා කරවා ගත්තා. සිරි යහනෙහි රජ්ජුරුවන්ට නිදන්ට සැලැස්සුවා. තමන් කුඩා සයනයක නිදාගත්තා. පසුවදා අඬබෙර ගස්සවලා සියලු සේනාවත්, ඇමතිවරුන්වත් රැස් කෙරෙව්වා. මහා සීලව රජ්ජුරුවන්ගේ ගුණ කියල මහාජනයා මැද ආයෙමත් සමාව ගත්තා. රාජ්‍යය පවරා දුන්නා. 'මෙතැන් පටන් ඔබවහන්සේගේ රාජ්‍යයට කිසිම උවදුරක් වෙන්ට අපි ඉඩ තියන්නේ නෑ' කියලා ශපථ කළා. කේළාම් කියල මේ අර්බුදයට පටලවාපු පුද්ගලයාට දඬුවම් දුන්නා. තමන්ගේ සේනාව ගෙන සියරට ගියා.

මහාසීලව රජ්ජුරුවෝ පෙර පරිදිම ධාර්මිකව රාජ්‍ය පාලනයේ යෙදෙමින් වීරිය අත්නොහැරීම නිසා මෙබඳු ජීවිතදානයත්, යස ඉසුරුත් ලැබුනු බව කියා මේ ගාථාව පැවසුවා.

"දුකින් අත්මිදෙනු කැමැතිව
මහත් වෙහෙසින් වැඩ කරද්දී
ගන්නා වෙහෙසට ප්‍රතිඵල නැතිවිට
එය අත් නොහරී නුවණැති මිනිසා
මිදී දුකින් ඒ සම්පත් ද ලැබූ වග
ඔබට පෙන්වා සිටිමි මම්
උත්සාහයේ ම ඵලයයි මේ"

මහණෙනි, උත්සාහ කරද්දී පටන්ගත් තැනම ප්‍රතිඵල නොපෙනෙන්ට පුළුවනි. නමුත් නොනවත්වා උත්සාහ කරද්දී ඔහුට එහි ප්‍රතිඵල දකින්ට අවස්ථාව උදාවෙයි කියා චතුරාර්ය සත්‍යය ධර්මය වදාළා. එම දේශනාව අවසානයේ වීර්යය අත්හැර සිටි භික්ෂුව උතුම් අර්හත්වයට පත්වුනා. එදා කේලාම් කියපු ඇමතියා වෙලා සිටියේ දේවදත්ත. දහසක් යෝධයන්ව සිටියේ බුදු පිරිස. මහා සීලව රජ්ජුරුවෝ මමයි" කියා භාග්‍යවතුන් වහන්සේ මේ මහා සීලව ජාතකය නිමා කොට වදාළා.

02. චූළ ජනක ජාතකය

චූළ ජනක රජ්ජුරුවන් ගේ කථාව

පින්වතුනේ, පින්වත් දරුවනේ,

මේ ජාතකයෙන් විස්තර වෙන්නෙත් උත්සාහය අත් නොහැරීම ගැනයි. මහා ජනක ජාතකය කියවීමේදී අපට විස්තර වශයෙන් කියවන්නට ලැබේවි. අපගේ භාග්‍යවතුන් වහන්සේ සැවැත් නුවර ජේතවනයේ වැඩසිටිද්දී ධර්මාවබෝධයට තිබූ උනන්දුව නැති කරගත් භික්ෂුවක් උදෙසායි මෙය වදාළේ. ඉතින් ජනක රජ්ජුරුවෝ සුදු සේසත යට අසුන් ගෙන මේ ගාථාව පැවසුවා.

"යමක් උදෙසා වෙහෙසවන විට
ගන්නා වෙහෙසට ප්‍රතිඵල නැතිවිට
එය අත්නොහරී නුවණැති මිනිසා
වතුරෙන් ගොඩට ඇවිත් සිටිනා
මා දෙස බැලුව මැනැව
උත්සාහයේම ඵලයයි මේ"

කියල උත්සාහය නොනවත්වා කිරීමේ ප්‍රයෝජනය ගැන භාග්‍යවතුන් වහන්සේ වදාළා. එය ඇසූ ඒ භික්ෂුව උතුම් අරහත්වයට පත්වුනා. එදා ජනක රජු වෙලා සිටියේ මමයි කියා භාග්‍යවතුන් වහන්සේ මේ චූල ජනක ජාතකය නිමවා වදාළා.

03. පුණ්ණපාති ජාතකය
වස පිරුණු රා සැළියේ කථාව

පින්වතුනේ, පින්වත් දරුවනේ,

මිනිසුන්ගේ ගතිගුණ පිහිටා ඇති අයුරු හරිම සංකීර්ණයි. ඇතැම් මිනිසුන් මොකාක් හරි ක්‍රමයකින් ජීවත් වෙන්ට මාන බලනවා. තමන්ගේ කටයුත්ත සිද්ධ වුනාම ඇති. අනුන්ට මොනවා වුනත් කමක් නෑ කියලා හිතනවා. මෙයත් එබඳු කථාවක්.

ඒ දවස්වල අපගේ භාග්‍යවතුන් වහන්සේ වැඩසිටියේ සැවැත් නුවර ජේතවනයේ. ඒ කාලයේ සුරාවට ඇබ්බැහි වුනු බේබද්දන් සැවැත් නුවරත් සිටියා. දවසක් මේ බේබද්දන් එකට එකතු වෙලා කතාබස් කරමින් සිටියා.

"ඈ බොලේ.... අපට සුරා බොන්ට සල්ලි නෑ නොවැ. මං හැම සතේම වියදම් කොළා.... සුරා නැතිව කොහොමෙයි..? අපට සල්ලි ලැබෙන පිළිවෙලක් කියහං..."

"හරි... හරි.... ඒවාට අපට උපාය තියෙනවා. ඔහේ කලබොල නැතිව ඉන්නවාකෝ...."

"හා... කියහං.... මොකක්ද උඹේ උපාය...?"

"හැයි... යෝධයෝ.... දැක්කේ නැද්ද...? අපේ අර

මහා උපාසක.... අනේපිඬු සිටාණන් ඇඟිලිවල මුදු පුරෝගෙන, මහා වටිනා සළු පොරෝගෙන රජ්ජුරුවන්ගේ උපස්ථානයට යන අපූරුව...."

"ඉතින්..."

"ඉතින් වෙන මොකක්ද...? අපි රා හැලිය මත්වෙන්ට විෂ දානවා. ඊට පස්සේ සිටුවරයා මෙතැනින් යද්දී අඬගහලා වාඩිකොරගන්නවා. ටික ටික රා බොන්ට දෙනවා. උන්දෑ වෙරි වෙලා සිහිසන් නැතිව වැටෙනවා...."

"ඊට පස්සේ....?"

"මොකක්දෑ ඊට පස්සේ... ඊට පස්සේ මුදු ටිකයි, සළුවයි අපේ අතේ.... අපේ මුදල් ප්‍රශ්නේ ඉවරයි..."

"යසයි වැඩේ.... උපාසකලාට ඔහොම තමයි කොරන්ට ඕනෑ..." කියලා බේබද්දෝ හැමෝම එක හඬින් වැඩේට එකඟ වුනා.

ඉතින් ඔවුන් සුරා හැලියට වස දැම්මා. සිටුවරයා පාරෙන් යනකල් මගබලාගෙන හිටියා. "ආන්න... සිටුතුමා එනවා..." කියලා එකෙක් කිව්වා. එතකොට තව එකෙක් හිනාවේගෙන ළඟට ගියා.

"හප්පේ.... ස්වාමී... තමුන්නාන්සේලා අපි ඉන්නා වගක් වත් මේ පැත්තේ මූණ හරෝලා බලන්නේ නෑ.... එහෙම කරන්ට නාකයි නොවැ.... මෙහෙ එන්ටකෝ... ඇතුළට යමුකෝ.... ටිකක් වාඩි වෙමුකෝ...."

එතකොට තව එකෙක් ආවා. "හා... මේ අපගේ මහාසිටුතුමා නොවැ... බොහෝම හොඳයි.... මේ...

සිටුතුමනි... ෂෝක් රා ටිකක් ලැබුනා... පංකාදුයි.... අති සුම්හිරියි... ටිකාක් බොමුකෝ..."

රා කඩේ වාඩි වූ සිටුතුමා හොඳ කල්පනාවෙන් විපරම් කළා. එක්කෙනෙක්වත් රා බොන පාටක් පේන්ට නෑ. තමන්ටමයි පොවන්ට උත්සාහය. මෙවුන් මොකාක් හෝ වංචාවකටයි සූදානම් වෙන්නේ කියල වැටහුනා. සිටුතුමා කවරදාවත් රා බිඳක් කටේ නොතියන බව දූන දූනත් මෙවුන් මේ කරන්නේ වංචාවක්මයි කියල වැටහුනා.

"එම්බල බේබද්දනි... මේ වැඩේ බොහෝ නරකයි. ඇත්ත කියපං.... මේ සුරා හැලියට මොකාක් හරි විසක් දාලා නේද තියෙන්නේ...? සුරා බොන්ට එන එන අයට මේවා පොවලා එවුන්ගේ ඉහඉණ අතගා ගන්න එක නේද දූන් තොපේ අළුත් රස්සාව...? මං බලාන හිටියා මෙතෙක් වෙලා... තොපි කවුරුවත් රා බොන්නේ නෑ. මට ම යි පොවන්ට යන්නේ.... හා....! මගේ බීම මං බලා ගන්නම්... දූන් තොපි මේ සුරා හැළිය බොන්ට ඕනෑ..." කියලා කිව්වා.

එතකොට බේබද්දෝ හොඳටම භය වුනා. කිසි කතාවක් නැතුව පැනල දිව්වා. සිටුතුමා සිනහවෙවී ගෙදර ගියා. හවස් වරුවේ භාග්‍යවතුන් වහන්සේ බැහැදකින්ට ජේතවනයට ගියා. ගිහින් භාග්‍යවතුන් වහන්සේ වන්දනා කොට එකත්පස්ව වාඩිවුනා.

"ස්වාමීනී, භාග්‍යවතුන් වහන්ස... අද බේබද්දන්ට ලොකු වැරද්දක් වුනා නොවැ... මාත් සුරා බොන කෙනෙක් කියල හිතල මටත් වංචාවක් කරන්ට ආවා..."

කියල සියළු කථාව කියා සිටියා. එතකොට භාග්‍යවතුන් වහන්සේ මෙහෙම වදාළා.

"ගෘහපතිය.... ඔය බේබද්දන් කලින් ආත්මෙකත් නුවණැත්තෙක්ට ඔය විදිහටම වංචා කරන්ට ආවා නොවැ..."

"අනේ ස්වාමීනී... මේ බේබද්දන් කලින් ආත්මේ වංචා කරන්ට ආවේ කොහොමද?" කියලා අනේපිඬු සිටුතුමා භාග්‍යවතුන් වහන්සේගෙන් විමසුවා. එතකොට භාග්‍යවතුන් වහන්සේ මේ ජාතකය වදාළා.

"ගෘහපතිය.... ගොඩාක් ඉස්සර කාලෙක බරණැස් නුවර බ්‍රහ්මදත්ත නමින් රජ්ජුරු කෙනෙක් රාජ්‍ය කළා. ඒ කාලේ බෝධිසත්වයෝ බරණැස සිටුවරයා වෙලා ඉපදිලා සිටියා. බරණැස් නගරේ සිටිය බේබදු පිරිසක් තමන්ට රා බොන්ට සල්ලි නැතිව ඔය උපායම කළා. එදා සිටුතුමා රාජ්‍ය උපස්ථානයට යමින් සිටියා.

"අනේ... සිටුතුමනි... එන්ට... එන්ට... මෙහෙ ඇවිදින් ටිකාක් ඉඳලා යන්ට..." කියල කඩේට අඬගහ ගත්තා. දූන් හැමෝම එකතුවෙලා සිටුතුමාට සුරා පොවන්ටයි උත්සාහය. සිටුතුමාත් විපරමින් සිටියා. මේ මෙවුන්ගේ වංචනික ක්‍රියාවක් බව වටහාගත්තා. සිටුතුමා මෙහෙම කිව්වා.

"අනේ මිත්‍රවරුනි... මං මේ රාජ උපස්ථායට යන ගමන්. ඒ නිසා මේ අවස්ථාවේ මං සුරා පානය කොට එබඳු ගමනක් යන එක මට සුදුසු මදි. එහෙම නොවේ... මං දූන් ගොහින් ආපසු එනවනේ.... එතකොට මොකාක් හරි බලමුකෝ ඈ.... එතෙක් ඔබ ඔහොම ඉන්ට..."

කියල පිටත් වුනා. බේබද්දන් සිටුතුමා ආපසු එනකල් මග බලාගෙන සිටියා. රාජ උපස්ථානය අවසන් වෙලා සිටුතුමා එන ගමන් කඩේට ආවා. බේබද්දා බොහෝම සතුටින් හිනාවෙලා සිටුතුමාව පිළිගත්තා. සිටුතුමා කෙළින්ම ගිහින් රා හැළිය ඇරලා බැලුවා...

"ඒයි... බේබද්දනි.... ඇත්ත කියපන්... මේ... මේ.. බලපන්. රා හැලිය පුරෝපු ගමන්. එහෙම ම යි. කවුරුවත් බීලා නෑ. මේ සුරාව ගැන මාත් එක්ක මොනතරම් වර්ණනා කළාද? එච්චර වටිනා සුරා ටිකක්වත් නොබිව්වේ මොකොද...? ඇත්ත කියපං... මේ හැලියට විස දාලා නේද තියෙන්නේ....? අනේ හැබෑවට මෙහෙමත් වංචා කරනවා නොවැ..." කියලා සිටුතුමා මේ ගාථාව පැවසුවා.

"සුරා හැළිය පිරුනු ගමන් එතැන තියෙනවා
නොයෙක් කතා කියමින් එයටම පසසනවා
එනමුදු එය කිසිම කෙනෙක් නොබී ඉන්නවා
මේ සුරාව හොඳ නැති බව එයින් පේනවා"

"මෙවැනි වැඩ තොපි ආයෙමත් කරලා අහුවෙන්ට එපා" කියලා තර්ජනය කළා. බේබද්දන් හොඳටම භය වෙලා හිස් ලූ ලූ අත පළා ගියා. එදා බරණැස සිටුවරයා වෙලා සිටියේ මෙදා මමයි කියා භාග්‍යවතුන් වහන්සේ මේ ජාතකය වදාළා.

04. කිංඵල ජාතකය

විෂ පළතුරු ගැන කථාව

පින්වතුනේ, පින්වත් දරුවනේ,

මෙහි කියැවෙන්නේ අපූරු කථාවක්. වනාන්තර වල පළතුරු වර්ග, ගෙඩි වර්ග තියෙනවා. හලාහල විෂෙන් යුක්තයි. එය නොදන්නා අය හැබෑ පළතුරු කියලා රැවටෙනවා. ඒවා කනවා. ඒ නිසා මිය යනවා. එවැනි දෙයින් පරෙස්සම් වීම ගැනයි මෙයින් කියැවෙන්නේ.

ඒ දිනවල භාග්‍යවතුන් වහන්සේ වැඩ වාසය කළේ සැවැත් නුවර ජේතවනයේ. සැවැත් නුවර සිටිය එක්තරා උපාසකයෙක් බුදුන් ප්‍රමුඛ සංඝයාට දානයකට ආරාධනා කළා. භාග්‍යවතුන් වහන්සේ භික්ෂු සංඝයා සමඟ ඒ නිවසට වැඩම කොට දන් පැන් වැළඳුවාට පස්සේ ඒ උපාසකයා තමන්ගේ උද්‍යානය බලන උයන්පල්ලාට කතා කළා.

"මිත්‍රය.... භික්ෂූන් වහන්සේලාට අපේ උද්‍යානයේ ගස් වැල් පෙන්වන්ට... මල් පළතුරු ආදියත් දෙන්ට..." කිව්වා.

ඉතින් ඒ උයන්පල්ලා භික්ෂූන් වහන්සේලා කැඳවා ගෙන උයනේ තියෙන මල් පළතුරු ගැන විස්තර කරමින් ගියා. ගිහින් එක්තරා අඹ ගසක් පෙන්නුවා.

"ස්වාමීනී... ආන්න අර අඹ ගෙඩිය හොඳට ඉදුණු එකක්. මේක තරමකට පැහිලා... අන්න අරකත් කොල පාටට පෙනුනට ඉදිලා තියෙන්නේ..." කියලා ඒ පළතුරු කඩා භික්ෂූන් වහන්සේලාට පිළිගැන්නුවා. ඒ හැම පළතුරක්ම උයන්පල්ලා කියපු විදිහමයි. කිසිම වෙනසක් නෑ. භික්ෂූන් වහන්සේලා භාග්‍යවතුන් වහන්සේට එය සැළකළා.

"මේ උයන්පල්ලා ඉතාම දක්ෂයි නොවැ. ගහේ තියෙන ගෙඩිය බලලා අමුද... පැහිලද... ඉදිලද... කියන එක හරියටම කියනවා...."

"මහණෙනි, ගස්වල ගෙඩි ගැන කියන්ට පුළුවන් මේ උයන්පල්ලාට පමණක් නෙමේ. ඉස්සරත් හරියටම ගෙඩි ගැන කියන්ට දක්ෂ නුවණැති අය හිටියා..."

එතකොට භික්ෂූන් වහන්සේලා ඒ යටගිය කථා ප්‍රවෘත්තිය කියා දෙන්ට කියලා භාග්‍යවතුන් වහන්සේ ගෙන් ඉල්ලා සිටියා. භාග්‍යවතුන් වහන්සේ මේ ජාතකය වදාළා.

"මහණෙනි.... ඉතාම ඈත අතීතයේ බරණැස් නුවර බ්‍රහ්මදත්ත නම් රජ්ජුරු කෙනෙක් වාසය කළා. ඒ කාලේ මහා බෝධිසත්වයෝ සිටු කුලයක උපන්නා. වියපත් වුනාට පස්සේ ගැල් පන්සියයක පිරිස සමඟ වෙළඳාමේ යෙදුනා. දවසක් වෙළඳාමේ යද්දී 'මහාවත්තනි' නැමැති වනාන්තරේ මැදින් යන පාරකින් යන්ට තිබුනා. වනයට ඇතුළු වෙන්ට කලින් සියළු පිරිස රැස් කළා.

"භවත්නි... මේ වනාන්තරේ භයානක ගස් තියෙනවා. නොයෙක් විෂ සහිත මල් තියෙනවා. විෂ

පළතුරු තියෙනවා. ඒ නිසා මගෙන් අවසර නැතිව මලක්, ගෙඩියක් පරිහරණය කරන්ට එපා...” කියලා අවවාද කළා.

“හොඳයි හිමියනි...” කියලා ඔවුන් ඒ අවවාදය පිළිගත්තා.

ගැල ක්‍රමයෙන් ගමෙන් නික්මිලා වනාන්තරයට ආසන්න වුනා. නමුත් ඒ ගම් සීමාවේම සුවඳ හමන ඉදුණු අඹ ගෙඩි පිරී තියෙන අඹ ගසක් තියෙනවා. ඒ අඹගසට කියන්නේ ‘කිම්ඵල වෘක්ෂය’ කියලා. බැලූ බැල්මට සාමාන්‍ය අඹ ගෙඩි වගේමයි. ඒ වුනාට හලාහල විෂෙන් යුක්තයි. ඒ අඹ කාපු ගමන් මරණයට පත්වෙනවා.

ගැලේ ඉදිරියෙන් ගිය කෙනෙක් “මේං හරි ෂෝක් අඹ” කියලා ගෙඩියක් කඩාගෙන කෑවා. අනිත් කෙනා “අපට අවසර නැතිව කන්ට එපා කියල නේද තියෙන්නේ. ඒ නිසා අහලම කමු..” කියලා අඹ ගොඩක් කඩාගත්තා. එතකොට එතැනට බෝධිසත්වයෝ ආවා.

“හිමියනි... මේන්න ෂෝක් අඹ තියෙනවා. මං කඩාගත්තා. කෑවාට කමක් නැද්ද...?”

“හාපෝ...! ඕවා කන්ට එපා...! ඔය ගස්වලට කියන්නේ කිම්ඵල වෘක්ෂ කියලා. ඕවා අඹ වගේ පෙනුනාට හලාහල විෂ” කියලා ඒවා වීසි කෙරෙව්වා. අඹ කාපු අයට ඉක්මනට වමනෙ කරවා චතුමධුර පොවලා මැරෙන්ට නොදී බේරාගත්තා. මේ කටයුතු නිසා ගමන යන්ට බැරිවුනා. ඒ ආසන්නයේ ගැල ගාල් කළා.

පසුවදා පාන්දරම ගමේ මිනිස්සු හයියෙන් කෑ ගසමින් එන හඬ ඇසුනා.

"මට ගවයන්ව ඕනෑ.... මට කරත්තයක් ඕනෑ... මට බඩු ඕනෑ..." කිය කිය ඇවිත් බැලින්නම් මිනිස්සුන්ට මොකවත් වෙලා නෑ. මිනිස්සු ඔක්කොම හොඳින් ඉන්නවා. ඔවුන් පුදුමවෙලා ගැල්කරුවන්ගෙන් ප්‍රශ්න කළා.

"පින්වත්නි.... මේ වෘක්ෂය අඹ ගසක් නොවෙයි කියලා දන්නෙ කොහොමද?"

"අනේ අපි දන්නෙ නෑ... අපේ නායකයා තමයි දන්නේ...."

එතකොට මිනිස්සු බෝධිසත්වයන්ගෙන් ඇහැව්වා.

"නුවණැත්ත... ඔබ මේ වෘක්ෂය අඹ රුකක් නොවේය කියලා දැනගත්තේ කුමක් කරලාද?"

බෝධිසත්වයෝ මේ ගාථාවෙන් පිළිතුරු දුන්නා.

"මේ අඹරුක වෙත නගින්ට කිසි බාධාවක් නැත්තේ
ගමෙන් වැඩිය ඈතත් නෑ මේ ගස ළඟමයි ඇත්තේ
එහෙම වුනත් මින් අඹ කන කෙනෙක් දකින්නට නැත්තේ
එනිසයි මං මෙය විෂ අඹ රුකක් බවට දූනගත්තේ"

ඊට පස්සේ බෝධිසත්වයෝ තම ගැල් පිරිසත් සමඟ සුවසේ වෙළඳාම් කටයුතු කරගෙන ගියා. එදා ගැල්පිරිස වෙලා සිටියේ බුදුපිරිස. ගැල් නායකයා වෙලා හිටියේ මමයි කියලා භාග්‍යවතුන් වහන්සේ මේ කිම්ඵල ජාතකය නිමා කොට වදාළා.

05. පඤ්චාවුධ ජාතකය

පංචායුධ කුමාරයා ගේ කථාව

පින්වතුනේ, පින්වත් දරුවනේ,

ඒ කාලේ රහත් වෙන්ට පවා පින් තියෙන බොහෝ භික්ෂූන් තමන්ගේ උත්සාහය අතරමග නවතා දමා තියෙනවා. භාග්‍යවතුන් වහන්සේගේ අවවාද වලින්මයි ඔවුන් නැතිවී ගිය වීරිය යළි උපදවාගෙන ප්‍රතිඵල ලබාගෙන තියෙන්නේ. මෙයත් එබඳු කථාවක්.

ඒ දිනවල අපගේ භාග්‍යවතුන් වහන්සේ වැඩසිටියේ සැවැත් නුවර ජේතවනයේ. ඉතා ශ්‍රද්ධාවෙන් පැවිදිව සිටි භික්ෂුවක් පසු කාලයේදී ධර්මාවබෝධය පිණිස ඇති උත්සාහය සම්පූර්ණයෙන් නවත්වා තමන්ට කිසිවක් කරගන්ට බැරිය කියා මැසිවිලි නගමින් සිටියා. එතකොට භික්ෂූන් වහන්සේලා ඒ භික්ෂුව භාග්‍යවතුන් වහන්සේ ළඟට කැඳවාගෙන ගිහින් සියළු විස්තර සැළකලා. භාග්‍යවතුන් වහන්සේ ඒ භික්ෂුවගෙන් මෙසේ අසා වදාළා.

"හැබෑද භික්ෂුව.... ධර්මය අවබෝධ කරන්ට තමන්ටත් පුළුවන්ය යන අදහස නැතිවුනාද? දැන් උත්සාහය අත්හැරලද ඉන්නේ?"

"එහෙමයි ස්වාමීනී."

"භික්ෂුව, ඉස්සර හිටිය නුවණැත්තෝ ඔහොම නොවෙයි. වීරිය කළ යුතු අවස්ථාවේ වීරියම කළා. ඒ නිසා රාජ්‍ය සම්පත්තියත් ලබාගත්තා" කියා වදාළා.

එතකොට භික්ෂූන් වහන්සේලා ඒ යටගිය දවස වූ සිදුවීම කුමක්දැයි කියාදෙන ලෙස භාග්‍යවතුන් වහන්සේගෙන් ඉල්ලා සිටියා. ඒ අවස්ථාවේදී භාග්‍යවතුන් වහන්සේ මේ පංචායුධ ජාතකය වදාළා.

මහණෙනි, ගොඩක් ඉස්සර කාලෙක බරණැස්පුරේ බ්‍රහ්මදත්ත නමින් රජ්ජුරු කෙනෙක් රාජ්‍ය කළා. ඒ කාලේ බෝධිසත්වයෝ ඒ රජ්ජුරුවන්ගේ අගමෙහෙසියගේ කුසෙන් උපන්නා. කුමාරයාට නම් තබන දවසේ මේ කුමාරයාගේ ශාරීරික ලක්ෂණ බලලා බ්‍රාහ්මණයෝ මෙහෙම කිව්වා.

"මහරජ්ජුරුවන් වහන්ස.... මේ කුමාරයා මහා පින්වන්තයි. ආයුධ පහක්ම පරිහරණය කරන නිසා මේ කුමාරයා මහත් ප්‍රසිද්ධියට පත්වෙනවා. ඒ නිසා අපි මේ කුමාරයාට අද පටන් 'පංචායුධ කුමාරයා' කියල නම තබනවා.

මේ පංචායුධ කුමාරයා දහසය හැවිරිදි කාලේ ශිල්ප ශාස්ත්‍ර ඉගෙනීමට තක්ෂිලාවේ දිසාපාමොක් ආචාර්යවරයා ළඟට ගුරු පඬුරුත් අරගෙන ගියා. දිසාපාමොක් ආචාර්යවරයා යටතේ මේ කුමාරයා ඉතාම දක්ෂ විදිහට ඉගෙනීම අවසන් කළා. කුමාරයාගේ නම පංචායුධ නිසා සතුටට පත් දිසාපාමොක් ආචාර්යවරයා මොහුගේ නමට ගැලපෙන තෑග්ගක් දෙන්ට ඕනෑ කියල කඩුව, සිරිය, අඩයටිය, දුන්න, හෙල්ල යන පංචායුධය තෑගි කළා. කුමාරයා ආචාර්යපාදයන්ට වන්දනා කොට

පංචායුධයෙන් සන්නද්ධ වෙලා තක්ෂිලා නගරයෙන් නික්ම බරණැසට යන මාර්ගයට පැමිණුනා. ඒ මාර්ගයේ යද්දී එක්තරා බිහිසුනු වනාන්තරයක් මැදින් යන මාවතකට පැමිණියා. තනියම යන කුමාරයාව දැකලා ගමේ මිනිස්සු මෙහෙම කිව්වා.

"භවත් මානවකය... ඔය වනාන්තර පාරේ යන්ට එපා! ඕක මහා භයානක වනයක්. ලාටු ලොම් තියෙන භයානක යක්ෂයෙක් ඉන්නවා. ඒ යකා දුටු දුටු මිනිසුන්ව බිල්ලට ගන්නවා."

බෝධිසත්වයෝ ගම්මුන්ගේ කථාව විශ්වාස කළේ නෑ. එහෙම ලාටු ලොම් තියෙන යක්කු ඉන්ට බැරි බවට තර්ක කළා. බිය තැතිගැනීම් නැති කේසර සිංහයෙක් වගේ තනියම වනයට පිවිසියා. ක්‍රමයෙන් වනාන්තරේ මැදටත් ආවා. එහෙම කවුරුවත් පේන්ට නෑ. යන්ට පුළුවන් වුනේ ටික දුරයි. ඈත කළුපාට මිනිසෙක් හැදුනා. ටිකෙන් ටික මොහු තල් ගසක් විතර උස ගියා. හිස පොඩි කඳු ගැටයක් වගෙයි. ඇසක් පාත්තරයක් විතර ඇති. මානෙල් පොහොට්ටුවේ හැඩය ඇති විශාල දළ දෙකක් කට දෙපැත්තෙන් නෙරා ඇවිත් තිබුනා. සුදුපාට මූබයක් තිබුනා. කබර පැල්ලම් ගැහුණු මහා බඩගෙඩියක් තිබුනා. තද නිල්පාට අත්පා තිබුනා. බෝධිසත්වයන් ඉදිරියට ඇවිත් හිනහවෙන්ට පටන් ගත්තා.

"හහ්... හහ්... හා... ඈ බොල... තෝ කොහෙද යන්නේ...?"

"එම්බල යක්ෂය... මං තෝ වගේ එකෙක් මේ වනේ ඉන්න බව විශ්වාස කළේ නෑ. මං ගම්මුන් එක්ක තර්ක කළා. දැන් තෝ මා ළඟටද එන්ට හදන්නේ...? බලාපන් මේ විෂ පොවාපු ඊතලේ. මං තෝව මෙතැනම බිම

දානවා" කියලා ඊතලයක් විද්දා. ඒක යකාගේ දිග ලාටු ලොම්වල ඇලුනා. ඊතල පනහක්ම විද්දා. ඒ හැම එකක්ම යකාගේ ලාටු ලොම්වල ඇලුනා මිස වෙන මුකුත් වුනේ නෑ. එතකොට යකා හිනහවෙවී ඒවා අතින් ගලව ගලවා තමන්ගේ පාමුල දමලා කුමාරයා ළඟට කිට්ටු වෙන්ට ආවා.

කුමාරයා යක්ෂයාට කඩු පහර දුන්නා. අඟල් තිස් තුනක් දිග තියුණු කඩුව යකාගේ ලාටු ලොම්වල ඇලී ගියා. එතකොට අඩයටිය ඇදලා අරගෙන මුළු ශක්තියම යොදලා ඒකෙන් ගැහුවා. එයත් යකාගේ ලොම්වල ඇලී ගියා. හෙල්ලෙන් ගැහුවා. ඒකත් ඇලුනා. සිරියෙන් ගැහැව්වා. ඒකත් ඇලුනා. එතකොට කුමාරයා යකාට තර්ජනය කළා.

"එම්බල යක්ෂය.... තෝ දන්නේ නැද්ද මං පංචායුධ කුමාරයා බව...? මං තෝ අරක්ගත්තු මේ වනයට ආවේ තෝත් එක්ක ආයුධවලින් හැප්පෙන්ට නොවේ. අද මං තොට පාඩමක් උගන්වනවා. මින්පසු මිනිස්සුන්ට හිරිහැර කරන එකක් නෑ. මං අද තොගේ ඇටකටු කුඩු කරනවා...." කියලා පැනපු ගමන් යකාට අතින් පහර දුන්නා. එතකොට ඒ අත ලාටු ලොම්වල ඇලී ගියා. අනිත් අතින් පහර දුන්නා. එතකොට ඒ අතත් ඇලී ගියා. පයින් පහර දුන්නා. පයත් ඇලී ගියා. අනිත් පයින් පහර දුන්නා. ඒ පයත් ඇලී ගියා. හිසෙන් පහර දුන්නා. හිසත් ඇලී ගියා. තමන්ව යකාගේ ඇඟේ ඇලී ගියත් කුමාරයා කිසිම භයක් තැති ගැනීමක් නැතිව යකාට දඬුවම් දෙන බව තර්ජනය කළා.

යකා මෙහෙම කල්පනා කළා. "හරි පුදුමයක් නොවැ... මනුස්සයෙකුට පුළුවන් ද මෙහෙම භය නොවී ඉන්ට. මෙතෙක් කාලෙට මෙහෙම ආජානේය පුරුෂ

සිංහයෙක් දැකලා නෑ. මේ පුරුෂයා මේ තරම් නිර්භය වුනේ කොහොමද?" කියලා යකා එකපාරටම කුමාරයාව කන්ට භය වුනා.

"එම්බා මානවකය... තොට මරණ භය දැනෙන්නේ නැද්ද?"

"යක්ෂය... මොකටද මරණයට භය වෙන්නේ...? ඒක ආත්මයක එක් වරක් මැරෙන්ට ම නියම වෙලා කවුරුත් ඉන්නේ... මං භය ඒ නිසා නොවේ. මගේ කුසේ දියමන්තියෙන් කළ ආයුධයක් තියෙනවා. තෝ මාව කෑවොත් තොගේ කුස කෑලි කෑලිවලට කැඩිලා මැරිලා යාවි. අන්න ඒ නිසයි මං භය නැත්තේ...."

එදා බෝධිසත්වයෝ දියමන්ති ආයුධය කියල කිව්වේ තමා තුළ තිබුණු නුවණ නැමැති ආයුධයටයි.

එතකොට යකා මෙහෙම හිතුවා.

"මේකා කියන කථාව හැබෑ වෙන්ට පුළුවනි. මේ අසිරිමත් පුරුෂ සිංහයාගේ මුං ඇටයක් ප්‍රමාණයේ මස් කළදක්වත් මට දිරවා ගන්ට බැරිව යාවි. මං තෝව අතාරිනවා" කියලා තමන්ගේ ලාටු මවිල්වල ඇලී සිටි බෝධිසත්වයන්ව ගලවා පොළොවෙන් තිබ්බා.

"මානවකය... තෝ පුරුෂ සිංහයෙක්. මං තොගේ මස් කන්නේ නෑ. මගේ අතින් තෝ නිදහස් වෙලා යන්නේ රාහුගේ කටින් පුන්සඳ බේරුනා වගෙයි. තෝව දකින නෑදෑයන් බොහෝ සතුටු වේවි. දැන් ඉතින් පලයං..."

"යක්ෂය.... මං එහෙම යන්ට ලෑස්ති නෑ. දැන් බලාපන් තෝ මොනතරම් පව් කන්දරාවක් රැස් කර ගෙනද ඉන්නේ? අනුන්ගේ ලේ මස් කකා තෝ අඳුරෙන්

අඳුරටම නේද යන්නේ... හරි.... මං දැන් තෝව දැක්කානේ... දැන් ඉතින් මං ආයෙමත් පව් කරන්ට දෙන්නේ නෑ... බොල යක්ෂයෝ.... ප්‍රාණඝාතය හරි භයානක දෙයක්. මරණින් මතු තෝ නිරයේ යාවි. මිනිසුන් අතර උපන්නත් සැපක් නම් නෑ. අවිආයුධවලින් මැරේවි.... එහෙම නොවේ... අතැරපන් ඔය ලේ මස් කෑම.... පළතුරු කන්ට පුරුදු වෙයන්.... මං තොට පළතුරු පූජාවල් ලැබෙන්ට සළස්වන්නම්.... මේ වනාන්තරේ හැමෝටම යහපත සළසන දෙවියා බවට පත්වෙයං...” කියලා අවවාද කළා.

යක්ෂයා ඒ අවවාද පිළිගත්තා. ලේ මස් කෑම අත්හැරියා. වන දෙවියා බවට පත්වුනා. පංචායුධ කුමාරයා සුවසේ බරණැස ගියා. නිසි කාලෙ රජ බවට පත්වුනා.

මහණෙනි, බලන්ට ඉස්සර නුවණැත්තන්ගේ හිතේ තිබුණු ධෛර්යය කියලා මේ ගාථාව වදාළා.

“අත් නොහරින වීරියකින්
අත් නොහරින සිතින් යුතුව යම් මිනිසෙක්
භව සයුරෙන් එතෙර වෙන්ට
කුසල් දහම් නිතර වඩයි නම්
කෙමෙන් කෙමෙන් සියලු කෙලෙස් නසා දමා
හේ පැමිණෙයි අම නිවනට”

භාග්‍යවතුන් වහන්සේ එසේ වදාරා චතුරාර්ය සත්‍ය ධර්මය කුළුගන්වමින් දහම් දෙසා වදාළා. ඒ භික්ෂුව දේශනාව අවසානයේදී උතුම් අරහත්වයට පත්වුනා. එදා යක්ෂයා වෙලා සිටියේ අංගුලිමාලයන්. පංචායුධ කුමාරයාව සිටියේ මං නොවැ” කියලා භාග්‍යවතුන් වහන්සේ මේ පංචායුධ ජාතකය නිමවා වදාළා.

06. කඤ්චනක්ඛන්ධ ජාතකය

රන් කඳේ කථාව

පින්වතුනේ, පින්වත් දරුවනේ,

අමාරු දෙයක් වුනත් ඕනෑවට වඩා සිතට නොගෙන කළොත් කරන්ට පුළුවනි. විස්තර කර කර බලන්ට ගියොත් කළ හැකි දෙයක් වුනත් පෙනෙන්නේ මහා අමාරු දෙයක් හැටියටයි. මෙයත් එබඳු කථාවක්.

ඒ දිනවල භාග්‍යවතුන් වහන්සේ වැඩ වාසය කළේ සැවැත් නුවර ජේතවනයේ. සැවැත් නුවරම තරුණයෙකුට භාග්‍යවතුන් වහන්සේගේ ධර්මය ඇසීම නිසා පැවිදි වෙන්ට කැමැත්තක් ඇතිවුනා. ඉතින් මොහු මහා ශ්‍රද්ධාවකින් බුද්ධ ශාසනයේ පැවිදි වුනා. ආචාර්ය උපාධ්‍යායන් වහන්සේලාගෙනුත් හික්මිය යුතු සිල් ගැන අහගන්ට ගියා. එතකොට මහතෙරුන් වහන්සේලා මෙසේ පැවසුවා.

"ඇවත... සිල් එක එක විදිහට තියෙනවා. පන්සිල්, අටසිල්, දසසිල්, සාමණේර සිල්, උපසම්පදාවෙන් ලබනා කෝටියක් සංවර සිල්, සුළු සිල්, මධ්‍යම සිල්, මහ සිල්, ප්‍රාතිමෝක්ෂ සංවර සිල්, ඉන්ද්‍රිය සංවර සිල්, ආජීව පාරිශුද්ධි සිල්, ප්‍රත්‍ය සන්නිශ්‍රිත සිල් වශයෙන් තියෙනවා. පැවිද්දෙකුගේ අතින් ඔය හැම සීලයක්ම ආරක්ෂා වෙන්ට ඕනෑ."

මේ නවක පැවිද්දා ඒ අවවාද කරබාගෙන අසාගෙන සිටියා. වන්දනා කොට කුටියට ගියා. කල්පනා කරන්ට පටන් ගත්තා. 'අපෙ අප්පෝ...! සිල් රැකීම මහා බරපතල දෙයක් නොවැ. මෙපමණ සිල් කන්දරාවක් රකින්නෙ කොහෙමයි... හප්පා.... මට නම් අමාරු වේවි... මේක මහා බරපතල වැඩක් නොවැ. මං දන්නවා නම් පැවිදි වෙන්නේ නෑ. දැන් මං මොකක්ද කරන්නේ....? ඔය සිවුරු ලබාදී මාව පැවිදි කරන සේක්වා කියලා මං නොවැ පැවිදි වුනේ. උන්නාන්සේලාට ලබාදුන් සිවුරු නොවැ ඉල්ලා ගත්තේ. මං මේ සිවුරු පාත්තර ආපසු උන්නාන්සේලාටම භාර දීලා ගිහි වෙනවා. පන්සිල් නම් මට රකින්ට පුළුවනි. එහෙමවත් පින් කරගෙන ඉන්නවා' කියලා ඒ භික්ෂුව ආයෙමත් ආචාර්ය උපාධ්‍යායයන් වහන්සේලා බැහැදැක වන්දනා කොට මෙහෙම කිව්වා.

"අනේ ස්වාමීනී... මෙපමණ සිල් ගොඩාක් මට රකින්ට අමාරුයි. මං ගිහි වෙන්නම්. ස්වාමීන් වහන්සේලාගෙන් ගත් සිවුරු ආපසු භාරදෙන්ට කැමතියි..."

"එහෙමයි.... ඇවැත. මොනා කරන්ටද? පින් මදි ඇති. අපි කෝකටත් භාග්‍යවතුන් වහන්සේව වන්දනා කරලාම ගිහි වෙමු නේද?" කියලා භාග්‍යවතුන් වහන්සේ ළඟට ඒ භික්ෂුව කැඳවාගෙන ගිහින් සියලු විස්තර සැළ කළා. එතකොට භාග්‍යවතුන් වහන්සේ ඒ භික්ෂුවට මෙසේ වදාළා.

"භික්ෂුව.... ඔබේ අදහස හරි. ඔබට බොහෝ සිල්පද රකින්ට අපහසු බව පේනවා. ඒ නිසා ගොඩාක් සිල්පද රකින අදහස අත්හරින්ට. ඔබට පුළුවන්ද සිල්

තුනක් රකින්ට...?"

"එහෙමයි ස්වාමීනී.... පුළුවනි..."

"එහෙම නම් දැන් ඉඳලා කායික ක්‍රියාවන් වලින් වරදින්ට නොදී රැකගන්ට. වචනය වරදින්ට නොදී රැක ගන්ට. සිත නොමග යන්ට නොදී රැකගන්ට. ඔය තුන් සිල් රැකගන්ට..."

එතකොට ඒ භික්ෂුව මහත් සතුටට පත්වුනා. භාග්‍යවතුන් වහන්සේට වන්දනා කොට ආචාර්ය උපාධ්‍යායන් වහන්සේලා සමඟ පිටත් වුනා. ටික දවසයි ගියේ. ඒ භික්ෂුව රහතන් වහන්සේ නමක් බවට පත්වුනා.

දම්සභා මණ්ඩපයේ රැස් වූ භික්ෂූන් වහන්සේලා මේ ගැන කතා කරමින් සිටියා.

"ඇවැත්නි... අර භික්ෂුව සිල් පද ගොඩාක් තියෙනවාය, රැකගන්ට අමාරුය කියල ගිහි වෙන්ටම ගියේ. නමුත් භාග්‍යවතුන් වහන්සේ සියලුම සිල් තුන් කොටසකට බෙදලා සරල කොට පෙන්වා වදාළා. ඒ නිසාම ඒ භික්ෂුව සුළු කලකින් ආනුභාවසම්පන්න කෙනෙකුන් වුනා."

ඒ අවස්ථාවේ භාග්‍යවතුන් වහන්සේ එතැනට පැමිණ වදාළා. පණවන ලද ආසනයේ වැඩසිටියා. භික්ෂූන් වහන්සේලා තමන් කතා කරමින් සිටිය කරුණ භාග්‍යවතුන් වහන්සේට සැළකර සිටියා. භාග්‍යවතුන් වහන්සේ මෙසේ වදාළා.

"මහණෙනි, ඉතා ගරු ගාම්භීර දෙයක් මං ඔය කොටස් තුනකට බෙදලා සරලව පෙන්නුවේ. ඒ නිසයි

ඒ භික්ෂුව ඉතාම සැහැල්ලුවෙන් අරගෙන පුරුදු කළේ. ඒක එහෙම තමයි. ඉස්සර හිටිය නුවණැති මිනිස්සු රත්තරන් කඳක් ලැබිලා ඒක එහෙම පිටින් ඔසොවා ගන්ට නොහැකිව කොටස් කරලා පහසුවෙන් ඔසොවාගෙන ගියා."

එතකොට භික්ෂූන් වහන්සේලා ඒ යටගිය දවස සිදුවූ දෙය කියාදෙන්ට කියල භාග්‍යවතුන් වහන්සේගෙන් ඉල්ලා සිටියා. භාග්‍යවතුන් වහන්සේ මේ කඤ්චනක්ඛන්ධ ජාතකය වදාළා.

"මහණෙනි, ගොඩක් ඉස්සර කාලෙක බරණැස් පුරේ බ්‍රහ්මදත්ත නමින් රජ්ජුරු කෙනෙක් රාජ්‍ය කළා. බෝධිසත්වයෝ ඒ කාලෙ එක්තරා ගමක ගොවියෙක් වෙලා සිටියා. දවසක් මොහු අත්හැර ගිය එක්තරා ගමක පාලු කුඹුරක් අස්වද්දාගන්නා අදහසින් සී සාමින් සිටියා. ඒ ගමේ මහා ධනවත් සිටුවරයෙක් සිටියා. ඔහු කලවයක් තරම් මහත හතර රියනක් විතර දිග මහා ඝන රන් කඳක් ඒ කුඹුරේ වළදාලා තිබුනා. දැන් ඒ සිටුපවුලේ කවුරුත් නෑ. ඉතින් මේ ගොවියා එදා කුඹුර සී සාමින් සිටිද්දී නගුල ගිහින් ගිහින් වදිනවා. ඔහු සිතුවේ ගසක මුලක් කුඹුරටම ඇවිත් කියලයි. මුල් පාදලා අස් කරන්ට හිතා එතැන පස් ඉවත් කළා. එතකොට මේ රන් කඳ දකින්ට ලැබුනා. එතකොට බෝධිසත්වයෝ කලබල වුනේ නෑ. ආයෙමත් ඒක පස්වලින් වැසුවා. සවස් වෙනකල් කුඹුරේ වැඩ කළා. හිරු බැසගියාට පස්සේ ගවයන්, නගුල් ආදිය පැත්තකට කරලා රන්කඳ අරගෙන යන්ට සිතලා උස්සන්න හැදුවා. උස්සාගන්ට බෑ. ඒ තරමට බරයි. එතැනම වාඩිවෙලා කල්පනා කළා.

"මං මෙපමණ ප්‍රමාණයක් ආහාර පාන ආදියට ගන්නවා. මෙපමණ ප්‍රමාණයක් නිධන් කරනවා. මෙපමණ ප්‍රමාණයක් ව්‍යාපාරයක යොදවනවා. මෙපමණ ප්‍රමාණයක් දානාදී පින්කම්වල යොදවනවා" කියලා ඒ රන්කඳ කොටස් සතරකට කඩන්න හිතුවා. හිතලා ඒ රන්කඳ උස්සපු ගමන් ඔසොවා ගන්ට පුළුවන් වුනා. කරේ තියාගෙන ගෙදර ඇවිත් කොටස් හතරකට වෙන් කළා. තමන් සිතූ පරිදිම කටයුතු කරගන්නට ලැබුනා.

මෙසේ වදාළ භාග්‍යවතුන් වහන්සේ මේ ගාථාව වදාළා.

"ඉතා සතුටු සිතින් යුතුව
සතුට පිරුණු මනස ඇතිව
සිටිනා යම් කිසි මිනිසෙක්
කුසල් දහම් නිතර වඩයි නම්
කෙමෙන් කෙමෙන් සියලු කෙලෙස් නසා දමා
හේ පැමිණෙයි අම නිවනට"

සිතට බරක් නොගෙන සතුටින් යුතුව කටයුතු කළ යුතුයි කියා භාග්‍යවතුන් වහන්සේ වදාළා. මහණෙනි, එදා රන්කඳ ලැබූ ගොවියා මමයි කියා මේ කඤ්චනක්ඛන්ධ ජාතකය වදාළා.

07. වානරින්ද ජාතකය

බෝසත් වඳුරු රජාගේ කථාව

පින්වතුනේ, පින්වත් දරුවනේ,

භාග්‍යවතුන් වහන්සේ පෙරුම් පුරන කාලයේ එක්තරා අවස්ථාවක තමන්ගේ මිත්‍රයෙක් වශයෙන් සිටි කෙනෙක් වළලු විකිණීමට ගොසින් බෝසතුන් කෙරෙහි වෛරයක් ඇති කරගත්තා. ඒ බද්ධ වෛරය සංසාරයේ බොහෝ කලක් දිගින් දිගට ගෙනැවිත් අප මහා බෝධිසත්වයන්ගේ අවසාන ආත්මයේදී ඔහු දේවදත්ත වෙලා ඉපිද බුදු සසුනේම පැවිදි වෙලා භාග්‍යවතුන් වහන්සේව ඝාතනය කරන්ට විවිධ උත්සාහයන් ගත්තා.

ඒ දිනවල භාග්‍යවතුන් වහන්සේ වැඩසිටියේ රජගහ නුවර වේළුවනයේ. එදා දම්සභා මණ්ඩපයේ රැස් වූ භික්ෂූන් වහන්සේලා දේවදත්තගේ පවිටු ක්‍රියාකලාපය ගැන කතා කරමින් සිටියා. ඒ අවස්ථාවේ භාග්‍යවතුන් වහන්සේ එතැනට වැඩම කොට පණවන ලද ආසනයේ වැඩිසිටියා. භික්ෂූන් වහන්සේලා තමන් කතාකරමින් සිටිය කරුණ ගැන භාග්‍යවතුන් වහන්සෙට සැලකොට සිටියා. භාග්‍යවතුන් වහන්සේ මෙසේ වදාළා.

"මහණෙනි.... දේවදත්ත ඔය වැඬේ කරන්නේ මේ ආත්මේ විතරක් නෙවෙයි. පෙර ආත්මෙකත් මාව මරන්ට ගිහින් ඒක කරගන්ට බැරිවුනා...."

එතකොට භික්ෂූන් වහන්සේලා ඒ යටගිය දවස වූ සිදුවීම කියාදෙන්ට කියල භාග්‍යවතුන් වහන්සේ ගෙන් ඉල්ලා සිටියා. භාග්‍යවතුන් වහන්සේ මේ වානරින්ද ජාතකය වදාළා.

"මහණෙනි... ගොඩාක් ඉස්සර කාලෙක බරණැස් පුරේ බ්‍රහ්මදත්ත නම් රජ්ජුරු කෙනෙක් රාජ්‍ය කළා. ඒ කාලේ මහා බෝධිසත්වයෝ වඳුරු යෝනියේ ඉපදිලා සිටියේ. මේ වඳුරා වයසින් මෝරා යද්දී අශ්ව පැටියෙක් ප්‍රමාණයේ මහා සවි ශක්තියෙන් යුක්තව හැදුනා. මොහු ගං තෙරක තනියම වාසය කළා. ඒ ගංගාව මැද එක දූපතක් තියෙනවා. එහි අඹ, වරකා ආදී නොයෙක් පළතුරු තියෙනවා.

ඇතෙකුගේ බලයෙන් යුක්ත මේ බෝසත් වඳුරා ඒ දූපතට යන්නේ මෙහෙමයි. ඒ දූපතට මෙහා පැත්තේ වතුර මැද්දේ ගලක් ජලයෙන් උඩට මතුවෙලා තියෙනවා. වඳුරු රජා ඇඟට වීරිය අරගෙන ගංගාවේ මේ පැත්තෙන් උඩ පැනලා අර ජලයෙන් උඩට මතු වී තියෙන ගලට පනිනවා. ඊටපස්සේ එතැනින් දූපතට පනිනවා. එහි තියෙන පළතුරු වර්ග කාලා ආයෙමත් මේ පැත්තට පැනලා තමන්ගේ වාසස්ථානයට යනවා. වඳුරු රජා මේ විදිහට කරදරයක් නැතිව තමන්ගේ පාඩුවේ වාසය කළා.

ඔය කාලේ එක්තරා කිඹුලො ජෝඩුවක් ඒ ගංගාවේ වාසය කළා. කිඹුලිට ගංගාවෙන් පනිමින් එහාට මෙහාට යන බෝසත් වඳුරාව දකින්ට ලැබුනා. "අනේ මට මේකාගේ හදවත උපුටාගෙන කන්ට ඇත්නම්" කියලා ආශාවක් උපන්නා. ඉතින් ඈ කිඹුලාට මෙය සැළ කළා.

"ස්වාමී.... මගේ හිතේ ලොකු ආසාවක් ඇතිවෙලා

තියෙනවා. ඔයා මට ඒක කොහොමහරි ඔන්න ඉෂ්ට කරලා දෙන්න ඕනා හොඳේ...."

"හරි... හරි... මොනා කරන්ටත් ඒක කියන්ට එපායැ..."

"ඔයා දැක්කාද, මහා වානර රාජයෙක් අර පැත්තේ ඉඳන් ආන්න අර ගලට පැනලා අර දූපතට පනිනවා..."

"ඉතින් ඔව්... මාත් දැක්කා... ඒකට මක් වෙනවද...?"

"නෑ අනේ.... මට ආන්න ඒ වඳුරු රජාගේ හදවත උපුටාගෙන කන්ටමයි අනේ ආසා..."

"හරි යෝදියේ.... මං ඔයාගේ ඔය දොළදුක අදම හවස්ජාමේ ඉෂ්ට කරලා දෙන්නම්...." කියලා ගිහින් ගංගාවේ උඩට මතු වූ ගලේ දිගාවෙලා හිටියා.

බෝධිසත්වයෝ දූපතට ගිහින් පළතුරු අනුභව කරලා එතැන ඉඳන් ආපසු පනින්ට උඩට මතු වූ ගල දෙස බැලුවා. වෙනදාට වඩා ටිකක් වැඩිපුර ඉස්සිලා වගේ පෙනුනා. බෝධිසත්වයෝ කල්පනා කළා. 'වෙන්ට බෑ... අද ගංගාවේ වතුර අඩු වෙලත් නෑ. වැඩිවෙලත් නෑ. එතකොට මොකද මට මේ ගල වෙනස්ව පෙනෙන්නේ. මාව අල්ලා ගන්ට කිඹුලෙක්වත් ඇවිල්ලාද?' කියලා තවත් විමසා බලද්දී එතැන ඉන්නේ කිඹුලෙක්ම කියලා පෙනුනා. තවදුරටත් මේ ගැන විමසන්ට ඕනෑ කියලා ගලට කතා කරන හැටියට කතා කරන්ට පටන් ගත්තා.

"ආ... ගල.... කොහොමද?..." කියල ඇහැව්වා. කිඹුලා නිශ්ශබ්දව හිටියා.

"මොකද අද ගල මාත් එක්ක කතා කරන්නේ

නැත්තේ...?" කියල ආයෙමත් ඇහැව්වා.

එතකොට කිඹුලා 'හා... වෙනදාට මේ වඳුරාත් එක්ක මේ ගල කතා කරනවා වෙන්ට ඇති. ඒකයි මේ අහන්නේ. උත්තර නුදුන්නොත් හරි නෑ' කියලා කිඹුලා උත්තර දුන්නා. "හා... වානරය... කොහොමද...?" කියලා ඇහැව්වා. එතකොට වඳුරා "කවුද නුඹ...?" කියලා ඇහැව්වා.

"මං මේ කිඹුලෙක්..."

"අද මොකද කිඹුලෝ ඔතන දිගෑදිලා ඉන්නේ...?"

"මං නුඹේ හෘදමාංශය ඩැහැගන්ටයි පතමින් ඉන්නේ..."

එතකොට බෝධිසත්වයෝ 'මේ කිඹුලා රවට්ටලා මං මෙතැනින් පැනගත්තේ නැත්නම් මට යන්ට වෙන්නේ නෑ...' කියල සිතා මෙහෙම කිව්වා.

"හරි... මිත්‍රය... මං නුඹට මගේ ජීවිතය පූජා කරන්නම්. ඒකට හොඳට කට ඇරගෙන ඉන්ට එපායැ. මං ළඟට ආවම අල්ලාගනින්..."

එතකොට කිඹුලා හොඳ හැටියට කට ඇරගත්තා. කිඹුල්ලු කට අරිනකොට උන්ගේ ඇස් වැහෙනවා. ඒ ගැන නොසිතා කිඹුලා කට ඇරගෙන හිටියා. එතකොට වඳුරා දූපතේ සිට කිඹුලාගේ පිට මැදට පැනලා විදුලි වේගයෙන් ගංගාවෙන් මෙතෙරට පැන්නා. කිඹුලා පුදුමෙනුත් පුදුමයට පත්වුනා. ගල මත ඉඳන්ම කෑ ගසා වඳුරාට මෙහෙම කිව්වා.

"භවත් වානරය... මේ ලෝකේ පුද්ගලයෙක් කරුණු සතරකින් යුක්තව සතුරන් අභිභවා යනවා. ඒ සියල්ලම ඔබ තුළ තියෙනවා කියලයි මට හිතෙන්නේ" කියලා මේ ගාථාව පැවසුවා.

"මේ කරුණු සතර ඇද්ද යමෙක් ළඟ
වඳුරු රජෝ නුඹ ළඟ මේ
සිව්කරුණ ම ඇතැයි සිතේ
ඇත්ත කීමත්, නුවණින් විමසා බැලීමත්
ධෛර්ය සම්පන්නකමත්, ත්‍යාගයත් යන මේ
සතරිනුයි ඔබ මා ඉක්මවා පැනගත්තේ"

ඊට පස්සේ කිඹුලා ඒ සතර කරුණ විස්තර කළා.

"වඳුරු රාජයාණෙනි.... ඔබ ඇත්ත කිව්වා. මා ළඟට එනවා කිව්වා. සැබැවින්ම ඔබ මා ළඟට ආවා. නුවණින් විමසා බැලීම නැමැති ධර්මය ඔබ ළඟ තිබුනා. ඔබ නොසොයා නොබලා පැන්නේ නෑ. ඔබ තුළ ධෛර්යය සම්පන්නකම තිබුනු නිසයි මේ අවදානමට මුහුණ දුන්නේ. ඔබ තුළ ත්‍යාගයත් තිබුනා. තමාව අත්හැරලයි මගේ පිට මතට පැන්නේ. ඒ නිසයි ඔබ අද මා පරයා ජයගත්තේ" කිව්වා.

මහණෙනි, එදාත් මාව මරන්ට සූදානම් වූ කිඹුලා වෙලා සිටියේ අදත් මාව මරන්ට වෙහෙසෙන දේවදත්තමයි. එදා කිඹුලාගේ බිරිඳ වෙලා සිටියේ චිංචි මානවිකාවයි. වානර රජු වෙලා උන්නේ මමයි කියා භාග්‍යවතුන් වහන්සේ මේ වානරින්ද ජාතකය නිමාකොට වදාළා.

08. තයෝධම්ම ජාතකය

සතුරු බල මැඬලන කරුණු තුනේ කථාව

පින්වතුනේ, පින්වත් දරුවනේ,

තමන් ළඟ තියෙන දක්ෂතා හේතුවෙන් බොහෝ දෙනෙකු අනතුරු වලින් බේරෙනවා. ප්‍රශ්න ජයගන්නවා. දක්ෂතා යනු කිසියම් ගුණ විශේෂයක් තමන් තුළ තිබීමයි. මෙහි සඳහන් වෙන්නෙත් එබඳු කථාවක්.

ඒ දවස්වල අපගේ භාග්‍යවතුන් වහන්සේ වැඩවාසය කළේ රජගහ නුවර වේළුවනාරාමයේ. එදාත් දම්සභා මණ්ඩපයේ රැස් වූ භික්ෂූන් වහන්සේලා කතා කරමින් සිටියේ දේවදත්ත භාග්‍යවතුන් වහන්සේව ඝාතනය කරන්ට පන්න පන්නා කරන උත්සාහය ගැනයි. මෙය පෙර ආත්මවලත් මොහු එසේම කළ බව පවසන භාග්‍යවතුන් වහ්නසේ මේ තයෝධම්ම ජාතකය වදාළා.

මහණෙනි, ගොඩක් ඉස්සර කාලෙක බරණැස් පුරේ බ්‍රහ්මදත්ත නම් රජ්ජුරු කෙනෙක් රාජ්‍ය කළා. ඒ කාලේ දේවදත්ත වඳුරු යෝනියේ ඉපදිලා හිමාල වනයේ වාසය කළා. ඒ වනයේ සිටිය වඳුරු රැලේ නායකයා වුනෙත් දෙව්දත් වඳුරාමයි. තමන්ගේ නායකත්වය වෙනත් වඳුරෙක් ඩැහැගනීවි කියල මොහු මහත් භයින් වාසය කළේ. තමන් නිසා ඒ වඳුරු රැළේ වැඳිරියන්ට බිහිවන දරුවන් ලොකුවෙලා නායකත්වය ගනියි කියලයි හිතුවේ.

ඒ නිසා වැඳිරියන්ගේ කුසේ දරුවෙක් පිළිසිඳ ගත් බව තේරුනොත් දත් වලින් ඒ වැඳිරියගේ කුස හපලා දරු බීජය වැටෙන්ට සළස්වනවා. ඔය අතරේ ඒ දෙව්දත් වඳුරා නිසාම එක්තරා වැඳිරියකගේ කුසේ මහා බෝධිසත්වයෝ පිළිසිඳ ගත්තා. ඒ වැඳිරිට තමන් ගැබ්ගෙන ඉන්නා බව වැටහුනා. තම දරුවා රැකගන්ට ඕනෑ නිසා ඈ රැළෙන් පැනලා ගියා. වෙනත් කන්දකට ගියා. දරු ගැබ මෝරා ගිහින් සුදුසු කාලයේදී ඈ බෝධිසත්වයන්ව බිහි කළා. තම වඳුරු පැටියාව ආදරයෙන් හදා වඩා ගත්තා. වයස මුහුකුරා යද්දී මේ වඳුරු පැටියා ක්‍රමයෙන් ශක්ති සම්පන්න වඳුරෙක් බවට පත්වුනා.

එක දවසක් ඔහු සිය වඳුරු අම්මාගෙන් මෙහෙම ඇහැව්වා.

"අම්මේ.... මගේ පියා කෝ...?"

"පුතේ... ඔයාගේ තාත්තා තමයි අසවල් කන්දේ ඉන්න වඳුරු රැළේ නායකයා..."

"ඉතින් අම්මේ.... තාත්තා ළඟට අපි යමුකෝ..."

"පුතේ... එහෙ යනවා තියා හිතන්නවත් එපා. මං ඔයාගේ ජීවිතේ බේරා ගත්තේ ඒ රැළෙන් පැනලා මෙහෙම ආපු නිසයි. ඔයාගේ තාත්තා තව වඳුරෙක් බිහිවෙනවාට භයයි. තමන් නිසා වැඳිරියන්ගේ කුසේ දරු ගැබක් හට ගත්තාම කොහොමහරි ඇගේ කුස දත්වලින් හපලා දරු ගැබ වට්ටනවා. ඒ නිසා අපි මෙහෙම ඉමු පුතේ...."

"අම්මේ.... දැන් මං ලොකුයිනේ.... අපි භය නැතුව යමු..."

එතකොට ඈ පුත්‍රයත් සමඟ ඒ කන්දට ගියා. නායක වඳුරා ඈතදීම තමන්ගේ පුත්‍රයාව දැක්කා. 'මේකා තව ලොකු වුනොත් මට රැළේ නායකයා වෙලා ඉන්ට දෙන එකක් නෑ. ඒ නිසා දැන්ම ඉවරයක් කරන්ට ඕනෑ. ආදරයෙන් වැළඳගන්න විදිහට මේකාගේ ඇටකටු පොඩි කරලා මරන්ට ඕනෑ...' කියලා හිතලා මෙහෙම කිව්වා.

"හප්පේ.... පුත්‍රය... මෙච්චර කාලයකට පස්සේ තොපව දැකගන්ට ලැබුණු එක මොනතරම් දෙයක්ද...?" කියලා නායක වඳුරා වැළඳගන්නා නියාවෙන් මහත් සේ කිටි කිටියේ සිය පුත්‍රයාගේ ඇඟ තද කළා. ඇතෙකුගේ සවිබල ඇති බෝධිසත්වයන්ට හානියක් කරන්ට ඔහුට බැරි වුනා.

'මේකා තව ටිකක් ලොකු වුනාම මාව මරා දමාවි. ඊට කලින් මේකාව මොකක් හරි උපායකින් ඉවරයක් කරන්ට ඕනෑ' කියලා දෙව්දත් වඳුරා තව තවත් කල්පනා කළා. එතකොට දෙව්දත් වඳුරාට මෙහෙම හිතුනා.

'හරි.... හොඳ අදහසක් ආවා. මීට ටිකාක් ඈතින් රකුසෙක් අරක් ගත්තු විලක් තියෙනවා නොවැ. ඒ රකුසා ලවා මරවන්ට ඕනෑ...' කියලා බෝසත් වඳුරාට කතා කළා.

"පුතේ.... මං දැන් මහළුයි. ඉතින් මං හිතුවා අදම මේ වඳුරු රැළ තොපට භාර දීලා මෙවුන්ගේ රජා බවට පත් කොරන්ට. අසවල් තැන විලක් තියෙනවා. අන්න ඒ විලේ සුදු මානෙල් මල් දෙකකුයි, නිල් මානෙල් මල් තුනකුයි පිපිලා තියෙනවා. ගිහින් විලට බැහැලා ඒ මල් කඩාගෙන ඇන්න වරෙන්."

"හොඳයි පියාණෙනි...." කියලා බෝසත් වඳුරා

විල අසලට ගියා. එක්වරම කලබලේට විලට බැස්සේ නෑ. හොඳට වටපිටාව බැලුවා. ඒ විලට බැහැපු අයගේ පා සටහන් තියෙනවා. නමුත් විලෙන් ගොඩට ආ බවට ලකුණක් නෑ. වඳුරාට කාරණේ වැටහුනා.

'ඕහෝ....! මගේ පියාට තමන්ගේ අතින් මාව මරන්ට බැරිව මේ විලේ ඉන්න රකුසාට මාව කන්ට දෙන්ටයි එහෙනම් අදහස... හරි... මං මේ විලට බහින්නෙත් නෑ. මලුත් නෙලාගන්නවා...' කියලා සිතුවා. ඉතින් විලේ වතුර නැති තැනක සිට අනිත් පැත්තට පැන්නා. ආයෙමත් මේ පැත්තට පනින ගමන් මලකුත් කඩා ගත්තා. මේ විදිහට දෙපැත්තට පැන පැන මල් කඩන්ට පටන් ගත්තා. දිය රකුසා මෙය බලාගෙන සිටියා.

"ෂා...! හරි අපූරුයි නොවැ... මෙතෙක් කාලයකට මං මෙතරම් නුවණැති ආශ්චර්යය සත්වයෙක් දැකලා නෑ... තමන් ඕනෑ කරන මලුත් නෙලා ගත්තා. මගේ ආඥාව පිහිටපු තැනකට බැස්සෙත් නෑ...." කියලා දිය රකුසා විලේ වතුර දෙබෑ කරගෙන උඩට මතු වුනා. බෝසත් වඳුරා ළඟට ආවා.

"පින්වත් වානරය.... මේ ලෝකේ කරුණු තුනක් යමෙකු තුළ තියෙනවා ද, ඔහුට සතුරු බලවේග පරද්දන්ට පුළුවනි. ඒ සියල්ල තොප තුළ පිහිටා තියෙනවා කියලයි මට සිතෙන්නේ...." කියලා ඒ දියරකුසා මේ ගාථාව කිව්වා.

"මේ කරුණු තුනම ඇද්ද යමෙකු තුළ
වඳුරු රජෝ නුඹ ළඟ නම්
මෙතුන් කරුණ ඇතැයි සිතේ
දක්ෂකමත්, ශූර බවත්, ප්‍රඥාවත් යන තුනයි

මේ තුන ඇති නිසා තොපට
බේරෙනු හැකි වුනා මගෙන්"

දියරකුසා බෝසත් වඳුරාට ගොඩාක් ප්‍රශංසා කළා. මේ මල් ගෙනියන්නේ මොනවාටද කියලා ඇහැව්වා.

"මගේ පියා මාව අද රජකමට පත්කරනවා. ඒ සඳහායි මේවා ගෙනියන්නේ..." කිව්වා.

"නෑ.... තොප වැනි උතුම් කෙනෙක් මල් අරගෙන යන එක හරි නෑ.... මං එනවා මල් අරගෙන... මං තොපගේ සේවකයා..." කියලා මල් මිටිය රකුසා ගත්තා. බෝසත් වඳුරා ඉදිරියෙන් ගියා. දෙව්දත් වඳුරා මෙය ඈතදීම දැක්කා. ඔහුට අදහාගන්ට බැරි වුනා.

"අයියෝ...! මං මේකාව විලට පිටත් කළේ රකුසාගේ කෑමටයි. මේකා දැන් රකුසා ලවාම මලුත් අරගෙන එනවා නොවැ..." මං දැන් විනාසයි කියලා කම්පා වුනා. පපුව හතට පැලුනා. අනිත් වඳුරෝ එකතුවෙලා බෝසත් වඳුරාව රජකමට පත් කරගත්තා.

මහණෙනි, ඔහොම තමයි එදා දෙව්දත් කටයුතු කළේ. එදා වඳුරු නායකයා වෙලා හිටියේ දේවදත්ත. ඒ නායකයාගේ පුතා වෙලා සිටියේ මමයි කියා භාග්‍යවතුන් වහන්සේ මේ තයෝධම්ම ජාතකය වදාළා.

09. භේරිවාද ජාතකය

බෙර ගැසීම ගැන කථාව

පින්වතුනේ, පින්වත් දරුවනේ,

ඒ කාලේ අකීකරු භික්ෂූන් සෑහෙන්න ඉඳලා තියෙන බව පේනවා. මේ කථාවත් අකීකරු භික්ෂුවක් ගැනයි.

ඒ දවස්වල අපගේ භාග්‍යවතුන් වහන්සේ වැඩවාසය කළේ සැවැත් නුවර ජේතවනයේ. ඉතා ශ්‍රද්ධාවෙන් පැවිදි වී සිටි භික්ෂුවක් ටික කලක් යද්දී වැඩිහිටි භික්ෂූන් වහන්සේලාගේ කිසිම වචනයකට ඇහුම්කම් දුන්නේ නෑ. එතකොට භික්ෂූන් වහන්සේලාත් ඒ භික්ෂුව කැඳවාගෙන භාග්‍යවතුන් වහන්සේ ළඟට ගියා. මේ භික්ෂුවගේ අකීකරුකම ගැන දන්වා සිටියා. භාග්‍යවතුන් වහන්සේ ඒ භික්ෂුවගෙන් මේ කාරණය ගැන විමසුවා.

"හැබෑද භික්ෂුව.... ඔබ කිසිම අවවාදයකට ඇහුම්කම් දෙන්නේ නෑ කියන්නේ...?"

"එහෙමයි ස්වාමීනී."

"ඔබ භික්ෂුව පෙර ආත්මෙකත් අකීකරුකම නිසා මහා කරදරයකට, විපතකට පත් වුනා" කියා වදාළා.

එතකොට භික්ෂූන් වහන්සේලා ඒ යටගිය දවස වූ

සිදුවීම කියා දෙන්ට කියල භාග්‍යවතුන් වහන්සේගෙන් ඉල්ලා සිටියා. භාග්‍යවතුන් වහන්සේ මේ ජාතකය වදාළා.

"මහණෙනි.... ගොඩාක් ඉස්සර කාලෙක බරණැස් පුරේ බ්‍රහ්මදත්ත නමින් රජ්ජුරු කෙනෙක් රාජ්‍ය කළා. ඒ කාලෙ බෝධිසත්වයෝ බෙර ගසන කුලේක ඉපදිලා එක්තරා ගමක වාසය කළා. ඔහු දවසක් පුතාට මෙහෙම කිව්වා.

"පුතේ.... අපි බරණැස යමු. එහෙ නැකැත් දැනුම් දුන්නු වෙලාවට උත්සව සභාවේ බෙර ගසමු. එතකොට අපිට සල්ලි ලැබේවි...." කියලා පුතාත් සමඟ බරණැස ගිහින් නැකැත් උත්සවේක බෙර ගැහැව්වා. ඔවුන්ට සෑහෙන ධනයත් ලැබුනා. සල්ලිත් අරන් ආපහු ගමට එද්දී වනන්තරේ මැදින් ආවා. වනයේදීත් පුත්‍රයා බෙර ගහනවා.

"පුතේ මේ වනන්තරේ බෙර ගහන්න එපා... අධිපතියෙක් යන අවස්ථාවක වගේ වරින් වර ගැහුවාට කමක් නෑ..."

පුත්‍රයා පියාගේ කීම ඇහුවේ නෑ. බෙර සද්දෙන්ම හොරුන්ව පලවා හරින්ට ඕනෑ කියලා දිගින් දිගටම බෙරේ වාදනය කළා. ඒ හඬට ඔවුන් පළා ගියා. දිගින් දිගටම බෙර වාදනය ඇසෙද්දී අධිපතියෙක් නොවන බව දැනගත්තා. හොරු ඇවිදින් දෙන්නාටම ගැහැව්වා. මුදලුත් මංකොල්ල කෑවා. බෝධිසත්වයෝ අන්තිමේදී තම පුත්‍රයාට මෙහෙම කිව්වා.

"අයියෝ....! දුකසේ හොයාගත්තු සල්ලි... එකදිගට බෙර වාදනය කරන්ට ගිහින් මේකා ඒ සල්ලිත් නැතිකළා"

කියලා මේ ගාථාව පැවසුවා.

"බෙරේ ගසාපන්, නො ගසා ඉන්ට එපා
පමණ ඉක්මවා බෙරේ ගැසිල්ලෙයි වැරැද්ද ඇත්තේ
බෙර ගැසීමෙන් ලැබුනා කහවණු සීයක්
වැඩිපුර ගැසිල්ලෙන් ඒකත් නැසුනා නේ"

එදා ඒ පුත්‍රයා පියාගේ වචනයට කීකරු වුනා නම් දෙන්නාම සොරුන්ට හසුවෙන්නේ නෑ. සල්ලිත් රැකගෙන සුවසේ ගමට යන්ට තිබුනා. එදා අකීකරු පුත්‍රයා වෙලා සිටියේ අද මේ අකීකරුව සිටින භික්ෂුවයි. බෙර වාදක පියා වෙලා සිටියේ මමයි කියල භාග්‍යවතුන් වහන්සේ මේ භේරිවාද ජාතකය නිමාකොට වදාළා.

10. සංඛධමන ජාතකය

සක්පිඹීම ගැන කථාව

පින්වතුනේ, පින්වත් දරුවනේ,

මේ ජාතකයෙන් කියවෙන්නෙත් අකීකරු වූ භික්ෂුවක් ගැන කථාවක්.

ඒ දවස්වල අපගේ භාග්‍යවතුන් වහන්සේ වැඩ වාසය කළේ සැවැත් නුවර ජේතවනයේ.

ඒ කාලේ බෝධිසත්වයෝ සක් පිඹින කුලේක ඉපදිලා ගමක වාසය කළා. දවසක් ඔහු පියාට මෙහෙම කිව්වා.

"පියාණෙනි.... නැකැත් කාලයක් එනවා. අපි බරණැස යමු. උත්සව සභාවල සක් පිඹලා කීයක් හරි හොයාගමු..."

"හොඳයි පුතේ..." කියලා තාත්තා කැමති වුනා. මේ දෙන්නා බරණැසට ගිහින් සක් පිඹලා සෑහෙන මුදලක් සොයා ගත්තා. ආපසු එද්දී වනයක් මැදින් එන්ට තියෙන්නේ. වනයේදී තාත්තා සක් පිඹින්ට පටන් ගත්තා.

"තාත්තේ... වනයේ හොරු ඉන්නේ. නිතර සක් පිඹින්ට එපා..." කිව්වා. පියා ඇහුවේ නෑ. දිගින් දිගටම සක් පිම්බා. එතකොට හොරු ඇවිත් දෙන්නාටම ගහලා

සියළු මුදල් පැහැර ගත්තා. බෝධිසත්වයෝ එතකොට මේ ගාථාව පැවසුවා.

"සක් පිඹින්ට ඕනෑ, නොපිඹ ඉන්ට එපා
දිගටම සක් පිඹින එකෙයි වැරැද්ද ඇත්තේ
සක් පිඹලා ලැබුනා අපිට කාසි පනම්
දිගටම සක් පිඹීමෙන් එය නැතිකරගත්තා"

එදා ඒ පුත්‍රයාගේ වචනයට පියා කීකරු වුනේ නෑ. ඒ නිසා සොරුන්ට හසුවුනා. එදා එපා කියද්දී සක් පිඹලා සොරුන්ට මැදිවුනේ මෙදා අකීකරුව සිටින භික්ෂුවයි. එදා පුත්‍රයා වෙලා හිටියේ මමයි කියලා භාග්‍යවතුන් වහන්සේ මේ සංඛධමන ජාතකය නිමවා වදාළා.

හයවැනි ආසිංස වර්ගය නිමා විය.

මහාමේඝ සදහම් ග්‍රන්ථ නාමාවලිය

- **නුවණ වැඩෙන බෝසත් කථා :**

01. නුවණ වැඩෙන බෝසත් කථා - 1
02. නුවණ වැඩෙන බෝසත් කථා - 2
03. නුවණ වැඩෙන බෝසත් කථා - 3
04. නුවණ වැඩෙන බෝසත් කථා - 4
05. නුවණ වැඩෙන බෝසත් කථා - 5
06. නුවණ වැඩෙන බෝසත් කථා - 6

- **අලුත් සදහම් වැඩසටහන :**

01. දුක් බිය නැති ජීවිතයක්
02. දස තථාගත බල
03. දෙව්ලොව උපත රැකවරණයකි
04. නුවණ වැඩීමට පිළියමක්
05. ලොවෙහි එකම සරණ
06. මෙන්න දුකේ රහස
07. නුවණ ලැබීමට මුල් වන දේ
08. නිවැරදි ලෙස දහම දැකීම
09. මොකක්ද මේ ක්ෂණ සම්පත්තිය?
10. පඤ්ච උපාදානස්කන්ධය
11. ප්‍රඥාවමයි උතුම්
12. නුවණින් විමසීම අපතේ නොයයි
13. පිහිටක් තියෙනවාමයි

- **සදහම් සිතුවම් පොත් පෙළ :**

01. ඡත්ත මාණවක
02. සුමන සාමණේර
03. සක්කාර නුවර මසුරු කෝසිය
04. කිසාගෝතමී
05. සුප්පබුද්ධ කුෂ්ඨ රෝගියා
06. සුමන මල් වෙළෙන්දා
07. කාලි යක්ෂණිය
08. මුගලන් මහරහතන් වහන්සේ
09. ලාජා දෙවඟන
10. ආයුවඩ්ඪන කුමාරයා
11. අනේපිඬු සිටුතුමා
12. නන්ද මහරහතන් වහන්සේ
13. විශාඛා මහෝපාසිකාව
14. පතිපූජිකාව
15. මහාකස්සප මහරහතන් වහන්සේ
16. අහෝ දෙව්දත් නොදිටි මොක්පුර
17. බිළාල පාදක සිටුවරයා

- **ඉංග්‍රීසි භාෂාවට පරිවර්තනය වී ඇති ධර්ම දේශනා ග්‍රන්ථ :**

01. *Mahamevnawa Pali-English Paritta Chanting Book*
02. *The Wise Shall Realize*
03. *The life of Buddha for children*

- **ඉංග්‍රීසි භාෂාවට පරිවර්තනය වී ඇති සූත්‍ර දේශනා ග්‍රන්ථ :**

01. *Stories of Ghosts*
02. *Stories of Heavenly Mansions*
03. *Stories of Sakka, Lord of Gods*
04. *Stories of Brahmas*
05. *The Voice of Enlightened Monks*
06. *The Voice of Enlightened Nuns*

www.ingramcontent.com/pod-product-compliance
Lightning Source LLC
Chambersburg PA
CBHW060617030426
42337CB00018B/3083
* 9 7 8 9 5 5 6 8 7 0 9 1 6 *